智元微库
OPEN MIND

成 长 也 是 一 种 美 好

连接的方法

3 步实现高价值社交

[美] 苏珊·麦克弗森（Susan McPherson）
杰姬·阿什顿（Jackie Ashton）/著　王小皓/译

THE LOST ART OF
CONNECTING
The Gather, Ask, Do Method
For Building Meaningful Business Relationships

人民邮电出版社

北京

图书在版编目（ＣＩＰ）数据

连接的方法 ： 3步实现高价值社交 ／（美）苏珊·麦
克弗森（Susan McPherson），（美）杰姬·阿什顿
（Jackie Ashton）著 ； 王小皓译. -- 北京 ： 人民邮电
出版社，2022.6
ISBN 978-7-115-58456-4

Ⅰ．①连⋯ Ⅱ．①苏⋯ ②杰⋯ ③王⋯ Ⅲ．①人际关
系学－通俗读物 Ⅳ．①C912.11-49

中国版本图书馆CIP数据核字(2022)第010899号

◆ 著 ［美］苏珊·麦克弗森（Susan McPherson）
　　　 ［美］杰姬·阿什顿（Jackie Ashton）
　　 译 　王小皓
　　 责任编辑 　刘艳静
　　 责任印制 　周昇亮

◆ 人民邮电出版社出版发行　　　北京市丰台区成寿寺路 11 号
　　邮编 100164　电子邮件 315@ptpress.com.cn
　　网址 https://www.ptpress.com.cn
　　天津千鹤文化传播有限公司印刷

◆ 开本：880×1230　1/32
　　印张：7.25　　　　　　　　　2022 年 6 月第 1 版
　　字数：350 千字　　　　　　　2022 年 6 月天津第 1 次印刷
　　著作权合同登记号　图字：01-2021-4697 号

定　价：69.80 元
读者服务热线：（010）81055522　印装质量热线：（010）81055316
反盗版热线：（010）81055315
广告经营许可证：京东市监广登字 20170147 号

献给我的母亲贝丽尔，

她过早地离开了这个世界，

却给我传递了善良、力量、希望以及务实的精神，

让我能够建立有意义的关系，连接他人，

从而享受其中最纯粹的喜悦。

赞　誉

在我看来，这是一本超好用的"生意经"。用好这本书，你将更容易连接到更多的目标用户，顺便创造更多的财富。

——剽悍一只猫

《一年顶十年》作者

借他人之力弥补自身之不足，远比花大量时间战胜自己的弱点更有价值。本书帮你快速建立线上、线下的人际网络，发展有意义、有深度的人际关系，推荐每一个年轻人阅读。

——战隼

知名自媒体（warfalcon）创始人、100 天行动发起人、时间管理专家

现在的世界充斥着各种科技手段，我们需要学习的重要一课，就是如何拒绝沉迷其中，抵制科技设备的诱惑，为生活中人与人之间的神奇互动保留空间。苏珊·麦克弗森撰写的《连接的方法》，推动人们向这一目标的实现迈出了重要的一步。

——索莱达·奥布莱恩（Soledad O'Brien）

知名广播电台记者、制片人

苏珊·麦克弗森本人所具有的深度、坦率的性格及关爱精神，使得《连接的方法》成为一本职业指南和一张路线图，帮助读者开

启更有意义的生活，培养稳定的关系。这是一本所有职场人必读的书。

——拉什玛·萨贾尼（Reshma Saujani）

编程女孩（Girls Who Code）创始人兼首席执行官

《勇敢而非完美》（*Brave，Not Perfect*）作者

苏珊·麦克弗森是一位超级连接者：她可以以非比寻常的速度建立人际关系，而且她的人际关系常具有非比寻常的广度和深度。在本书中，她向我们解释了这是一种看似与生俱来，实则可以习得的技能，并且分享了一些学习这种技能的实用建议。现今，我们的社交技能愈发生疏，本书可以帮助每个性格内向、不愿意社交的人，提升自己的社交技能。

——亚当·格兰特（Adam Grant）

心理学家、沃顿商学院教授、畅销书作家

在当今世界，功利化的人际关系已不再是常态。苏珊·麦克弗森的一生都在扮演一个"连环连接者"的角色，现在她在新书中分享了自己建立有意义的商业关系的秘诀，并且这种关系经得起时间的考验。阅读此书令人欣喜，从书中我们能感受到苏珊的真诚，本书将成为在未来数年中都值得信赖的指南。

——兰迪·扎克伯格（Randi Zuckerberg）

《社交的本质：扎克伯格的商业秘密》（*Dot Complicated*）

和《五选三》（*Pick Three*）的作者

Facebook 全球市场开拓人、畅销书作家

本书不是简单的连接策略指南，而是发自内心的宣言，告诉我们为什么连接如此重要。

——赛斯·高汀（Seth Godin）

《这才是营销》（*This is Marketing*）作者

在书中，苏珊谈到了倾听的力量，教会了我们如何建立信任以及如何与更高层次目标进行连接，她在这方面的见解不仅能帮助我们深化关系，更能帮助企业保持稳定、创造社会价值。每位志向远大的企业家都应该阅读本书。

——蒂法尼·杜芙（Tiffany Dufu）

The Cru 创始人兼首席执行官

《自我赋能》（*Drop the Ball*）作者

连接的方法可能已经失传，但是苏珊·麦克弗森已经将其找回。她的标志性问题是：我能提供怎样的帮助？阅读本书，她会为你提供帮助。

——惠特尼·约翰逊（Whitney Johnson）

畅销书《高成长型团队》（*Build an A-Team*）作者

《连接的方法》非比寻常，因为它为各种性格的人绘制了属于自己的蓝图。无论你是性格内向、外向还是介于二者之间，这份蓝图都将帮助你利用自己独一无二的技能和经历，建立一段有意义且持久的良好关系。

——艾丽莎·马斯特罗莫纳科（Alyssa Mastromonaco）

《柔软的力量》（*Who Thought This Was a Good Idea*）作者

苏珊·麦克弗森本人深刻诠释了连接具有非凡的力量。她慷慨的为人、乐于引荐他人的性格，不仅帮助许多人推进了事业发展，更使得她自己获得了成功。阅读本书，可以理解建立人际关系的艺术，这门技术虽然独特，但是显然可以通过学习掌握，思考它对于你的事业与人生都有帮助。

——迪·波库（Dee Poku）

The WIE Suite 创始人兼首席执行官

苏珊·麦克弗森最看重的是人际关系；她是顶尖的、真正的连接者。读者们非常幸运，她在本书中真诚地分享了自己的社交秘诀。我们需要这样一本书，让我们重新获得我们渴望的、真诚的人际关系。

——蒂娜·韦尔斯（Tina Wells）

企业家、顾问、作家

无论你是高管、员工还是求职者，《连接的方法》都是你培养有意义的关系所需的工作手册。麦克弗森在她的指导中注入了诙谐幽默的态度和振奋人心的精神。阅读本书能够为你带来极大的快乐，并将永远改变你对人际关系的看法。

——贝丝·康斯托克（Beth Comstock）

《怎样将想象力植入工作》（*Imagine It Forward*）作者、

前通用电气副董事长

本书的框架设计充满智慧，作者并没有要求读者接受自己的观点，而是为读者提供支持。该书为读者提供了全新范式，内容简单而深刻，可以帮助读者在商业和生活中建立起属于自己的战略关系。

——索拉娅·达拉比（Soraya Darabi）

Trail Mix Ventures 普通合伙人

苏珊·麦克弗森是真正的顶尖连接者。而且，我们很幸运，她终于分享了自己的做法。无论你是商业领袖还是项目的推进者，都需要阅读《连接的方法》，它能够让我们重新获得渴望的真诚的人际关系。

——莎伦·沃茨（Shannon Watts）

Moms Demand Action 创始人

有意义的关系是生活中唯一重要的东西。苏珊的新书会帮助你了解如何利用技术和真诚来建立更深层次的关系。苏珊的个人实践经验使得本书成为一本真正实用的指南，帮助读者建立起超越业务范围的商业关系。

——珍·奥尔旺（Jean Oelwang）

维珍联合公司创始人、CEO

每位企业领导人都知道人际关系带来的价值，虽然现在是线上聊天、App 和各种平台迅速发展的时代，但人们日益孤独，如何才能建立起经得住时间考验且深刻而有意义的关系呢？连环连接者、企业家苏珊·麦克弗森以一种鼓舞人心、温暖且独特的方式分享了自己在这方面的秘诀，《连接的方法》是你的必读书。

——瑞贝卡·明可弗（Rebecca Minkoff）

瑞贝卡·明可弗公司创意总监和创始人

苏珊提醒我们，我们是否能感受到幸福以及能否取得事业上的成功，取决于我们培养的关系。《连接的方法》是你建立深刻、有意义和持久关系的路线图，这些关系会让你的生活更加幸福。

——丹·斯柯伯尔（Dan Schawbel）

《回归人性》（*Back to Human*）、

《自品牌》（*Promote Yourself*）和《2.0 版本的我》（*ME2.0*）作者

苏珊·麦克弗森是我认识的最擅长连接的人之一，她在《连接的方法》一书中分享了自己出色的策略。这本书不仅会帮助你增加关系的数量，而且会帮助你建立更真实、更有意义、互利双赢的关系，强烈推荐。

——林赛·波拉克（Lindsey Pollak）

《纽约时报》畅销书《成为老板》（*Becoming the Boss*）作者

数字生活中的互动可以像面对面那样给人温度吗？是的，前提是让苏珊·麦克弗森做你的教练。经过她的指导，学习新的思维——"我能提供怎样的帮助"。如果你时间紧迫，但是目标远大，并且正打算迅速扩展自己的人际关系网，赶快阅读本书吧！

——丽莎·斯通（Lisa Stone）

Blogher 联合创始人、前任 CEO

在这个数字化的世界里，组织面对面的聚会变得越来越困难。苏珊·麦克弗森关于连接方法的探讨，不仅会为你的事业发展带来启示，而且可能会改变你的生活。这本书提供了实用的建议，运用温暖的话语讲述了苏珊本人建立持久关系的独特方法，阅读本书将对你的人生产生深远的影响。

——帕特·米切尔（Pat Mitchell）

TEDWomen 创始人兼编辑部主任，圣丹斯学院董事会主席

在《连接的方法》一书中，苏珊·麦克弗森推翻了"人际关系仅限于你认识的人"这种老旧的理论，构建了一个全新的世界，在这个世界里，关系的深度和质量是人们之间的区别所在。对于那些寻求在数字化转型时代培养竞争优势的人来说，这是一本必读的书。读过之后他们就会明白，终极竞争来自人性的较量。

——多夫·塞德曼（Dov Seidman）

美国 LRN 公司创始人兼 CEO、

《How 时代：方式决定一切》（*How*）作者

我在人际关系的基础上建立了自己的事业和生意，苏珊在《连接的方法》中分享的信息令我感到异常兴奋。人性的联系是点燃每一个成功的关系、业务、友谊和日常互动的火苗，它是我们善良、富有同情心和展开协作的原因，但最近这股火苗稍显黯淡，本书将让其重新熊熊燃烧。

——简·沃尔万德（Jane Wurwand）

德美乐嘉和 FOUND 计划创始人

在我的职业生涯中，我发现成功的第一要素是关系。如今，人们误将使用社交媒体视为真正的社交。媒体的影响转瞬即逝，而真

正的社交则是不可缺少的商业工具。《连接的方法》告诉我们，真正的连接是可以终生持有的资产，而且比你想象中更容易建立。

——比亚·佩雷斯（Bea Perez）

可口可乐公司高级副总裁兼全球沟通、

可持续发展和战略伙伴关系主管

接触和连接之间是有区别的。苏珊·麦克弗森相当擅长后者，她将帮助你弄清楚如何充分利用你的每一次接触和连接，她的智慧是无价之宝。

——阿比盖尔·E. 迪斯尼（Abigail E. Disney）

电影制片人、播音员、慈善家和社会活动家

归根结底，生命中最为重要的事情其实就是人际关系。人际关系是幸福、成功和满足感的基础，但是建立它有时并非易事。苏珊·麦克弗森的这本新书无疑是一份馈赠，她充满好奇心，针对将人们分割的原因及阻止人类进行连接的障碍进行了探讨。现在的人们急需汇聚一处，建立关系，这一需求比以往任何时候都更加迫切，苏珊针对这一需求给出了操作性极强的建议。

——卡罗琳·埃弗森（Carolyn Everson）

Facebook 全球营销解决方案副总裁

我是一名经验丰富的技术主管，现在已经创业六年了，经历了许多痛苦的时刻，也体验到了快乐的时光。回顾迄今为止的创业历程，真正快乐的时刻并不是商业交易的过程，而是与相识的慷慨而聪明的人一起度过的时光。无论他们在从事怎样的工作，我都会真诚地询问我可以提供怎样的帮助，并且不奢求什么回报。只要我在人际关系中全心全意地"给予"，总是会收到意想不到的回报，推动我的业务向前发展，许多关系也已经被维持多年。一开始我们只是"工作关系"，但现在我们互相了解了对方的家事。苏珊的这本书精彩而凝练，也暗合了我的经历。我必须把这本书推荐给两种人，一是企业家，二是希望通过数字化手段，与志同道合者建立密切关系的人。

——卡伦·卡恩（Karen Cahn）

IFundWomen 创始人兼首席执行官

苏珊·麦克弗森为我们提供的行动指南令人振奋、易于学习，它让我们迅速了解了如何更好地与自己建立关系，从而更好地连接他人。无论你寻求建立何种人际关系，本书都是你的必读书，苏珊在书中分享的智识极具使用价值，它们已经改变了我做生意、谈判和与人交流的方式。在商业关系中，我们彼此建立的关系、为对方创造的价值取代了商业行为的肤浅与短暂，正如苏珊语重心长的教导，肤浅与短暂的商业行为绝不是真正的人际关系。

——宾塔·尼亚比·布朗（Binta Niambi Brown）

奥马·莉莉（Oma Lilly）项目创始人

苏珊·麦克弗森是世界上最伟大的连接者之一。《连接的方法》是一本极具价值的行动指南，它仿佛一个充满各种灵感的锦囊。

——安妮–玛丽·斯劳特（Anne-Marie Slaughter）

New America 首席执行官、

《世界新秩序》（A New World Order）作者

很少有人能像苏珊·麦克弗森那样深谙连接之道，对如何建立有意义的关系了如指掌。她以倡导者、投资者的身份将目的和行动联系起来，并在她长期的日常工作中指导各家公司将自己的业务与更广泛的社会进步相结合。但是，在科技手段的推波助澜之下，当今世界中联系愈发减少，苏珊适时地提醒了我们如何彼此连接。生活的基本组成部分是人际关系，在商业世界中，人际关系对于解决人们所面临的各种艰巨挑战，特别是如何快乐地完成一些任务来说十分重要。在她的新书《连接的方法》中，麦克弗森抽丝剥茧地讲述了在人际交往中，如何做到明确目的、保持真实、有同情心、包容对方、诚实待人、富有成效而又不显露出"功利性"。如果你想改变世界，可以团结大家一起行动。

——艾伦·麦克格特（Ellen McGirt）

《财富》杂志资深编辑

《连接的方法》颠覆了美国长期以来功利性的人际关系理念——"我能从这段关系中得到什么"，本书提醒读者，有意义的工作始于有意义的关系。如果你能像麦克弗森建议的那样，以"我能提供怎样的帮助"作为人际关系的出发点，就能为那些看似毫无用处实则意义重大的人际关系打下坚实的基础，后续便会自然而然地有了给予、接受与合作。

——皮拉尔·古兹曼（Pilar Guzmán）

作家、编辑、The Swell 联合创始人

现在探讨这个话题恰逢其时。疫情把我们封闭在自己的"洞穴"

之中，只剩下科技这条"救生索"，我们恍然大悟：那些饮水机旁的闲聊、工作之余的茶歇时间，以及单位组织的垒球比赛，其实都是极其聪明的商业策略。苏珊·麦克弗森让我们回归问题的本质，帮助我们重建重要的关系，以此为契机改善心理问题、提高商业成就。

——温迪·沃尔什（Wendy Walsh）

博士，美国"亲密关系专家"，美国知名主持人

《连接的方法》是一本人人必读的佳作。苏珊·麦克弗森在书中讲述了引人入胜的故事，她的叙事不仅能够让读者学习到大量知识，还能给予他们引导，更为读者描述了一幅蓝图，讲述了如何拓展自己的人际关系圈，在生活的各个领域建立有意义的关系。苏珊在书中介绍了许多实用的工具，并将自己"聚集、请求、行动"的相关策略倾囊相授。这本书激励并启发了我们所有人，让我们知道我们都需要建立人际关系。

——吉恩·凯斯（Jean Case）

凯斯影响力网络（Case Impact Network）首席执行官，

美国国家地理学会主席

序 言

成为超级连接者，开启人生无限可能

最近，经常有朋友向我请教个人实现光速成长的秘籍。他们大多是我多年的微信好友，可以说，他们在"朋友圈"见证了我一路成长的过程：从一个普通的上班族到离职开始创业，成为自由职业者，又从一个自由职业者变为畅销书作者。

朋友们的询问也引起我的思考，我开始回顾这几年的成长之路，我到底做对了什么，才拥有了今天这般小小的成绩？

和许多人一样，我有读书的习惯。我平均每年阅读100多本书，但这不足为奇，有很多人其实比我读的书更多、知识更渊博。

和许多人一样，我有听课的习惯。2016年知识付费模式开始兴起后，我和许多人一样，付费购买所需课程进行学习。但这也不是什么秘籍，身边有很多人比我买的课更多、更舍得为知识投资。

仔细思考之后，我发现，我身上只有一点和大部分小伙伴不同，即我非常注重通过连接他人进行学习。

学习不是单打独斗，而是一种社交行为。心理学家菲奥娜·默登（Fiona Murden）在其著作《镜映思维：人在社会中的自我形成》中详述了镜像系统的运作机制，我们通过镜像神经元来观察、模仿他人的行为，学习能力的养成离不开镜映思维。因此，如果你想提高学习效率、实现光速成长，就需要有意识地去连接优秀的人，在连接他人与开展社交活动中学习。古有孟母三迁，近有家长们争买学区房，他们都希望孩子能在良好的学习环境中接触更多优秀的人，进而成龙成凤。

成年人在学习的过程中，更需要有意识地加入优秀的圈子，与大家连接起来。

我从做一个普通职员到离职开始创业，并非心血来潮。当年，我无意间加入一个创业者学习社群，凭着对阅读的喜爱和向优秀同学学习的初心，我利用业余时间，为同学们组织公益读书会。从2018年开始，"格格读书会"一直以零预算、零收费、零工资的模式，完全公益化运营。在读书会运营的过程中，我得到了同学们的滋养。并且，我还非常幸运地找到了人生使命——用读书为成长赋能，从此开启了离职创业之路。

此外，我从从事自由职业到成功出版《榨书》一书，并不是一个人闭门造车的结果。我心中清楚，为了推进事业发展，我最好出版一本书，但当时觉得出书这一梦想不太现实，将其提上日程似乎时机未到。在我偶然间和一位朋友约饭聊天时，朋友了解到我这种想法后，非常支持并鼓励我出书。最终，我在朋友的指导和推动下，提前实现了出书的梦想。

正是在与大家积极连接的过程中，我慢慢明确了自己的人生方向，一路走来，我通过连接他人获得信息、得到帮助、汲取能量，我是连接他人的受益者。

如果你想努力成长却进步缓慢，如果你努力想实现突破却不得其法，那么我推荐你读一读这本《连接的方法：3步实现高价值社交》。修炼自己的连接力，你会发现自己步入了自我成长和发展的快车道。

本书作者苏珊·麦克弗森是一位超级连接者，她擅长快速建立人际关系，而且她的人际关系常具有非比寻常的广度和深度。苏珊·麦克弗森说："我希望能将我赖以生存的人生信条传递给读者，打开那扇通向未知的大门，无论你对打开那扇门有多么恐惧，这个动作都将很有可能带给你更加美好的人生。"

关于如何成为超级连接者，即使你性格内向、不善言谈，即使你有社交恐惧症、习惯性心存顾虑，也不必担心。苏珊·麦克弗森会帮你消除关于连接他人的种种误区，告诉你社交并非出于功利目的，而是出于利他目的。她说："应记住，永远不要带着'有所得'的意图与他人建立关系，而应以倾听、学习和提供帮助作为人际交往的目的。"当年我正是因为坚持公益化运营读书会，才慢慢找到了自己的人生使命。你曾经的利他之举，或许在未来某一日为你带来意想不到的惊喜。

关于如何连接他人，苏珊·麦克弗森提出了"聚集、请求、行动"三步法。这些方法都比较简单易行。比如，你可以直接提出请求，去询问对方"我能提供怎样的帮助"；再比如，当新认识一个朋友时，你可以思考"我能把这个人介绍给谁"。无论选择线上方式还是线下方式，你只须听话照做，即可推开一扇连接他人的大门。

总之，你永远不知道处理好一段人际关系会带来什么样的惊喜。

希望这本简单、实用的连接力手册，可以帮助你成为一名超级连接者，打开那扇通向未知的大门，开启人生的无限可能！

格格

《榨书》作者

格格读书营创始人

目 录

/　第二部分　/

请求：发现最直接的需求

/　　第三部分　　/

行动：赋予关系深度

引　言
走向你的“星群”

连接就是我的超级能力，对我来说，它像呼吸一样自然。大家都说我是“连环连接者”（Serial Connector），一款有人情味的客户关系管理（Customer Relationship Management，CRM）应用程序——在过去30年的职业生涯中，我一直在努力建立深入而广泛的关系，关系的时间跨度长达几十年，地理距离横跨不同大陆。人们经常问我：你是如何做到轻松建立人际关系的？其实，**连接或者说建立关系，可以简单地归结为一个问题：我能提供怎样的帮助？**在任何时刻提出这个问题，都会使我的注意力立即聚集到如何为他人提供服务和支持上。

难道不正是这种“我能提供怎样的帮助”的理念让大家感到建立各种关系是有意义的？

通过与他人联系，我们能够了解很多内容，了解对方的为人、独特的技能、正在开展的新项目，或者在某些情况下，你还能了解到关于自己的信息。

建立人际关系时，考虑的内容不应该是“我将从这个人那里得到什么”，相反，你应该考虑“我能学到什么，我可以发现什么”，或者"我可以把这个人介绍给谁"。

我一直喜欢穿针引线,把人们连接在一起,创造出更宏大的关系网络,就像孩子们画连线画一样,在连接最后一个节点之前,永远不能确定最终的图画是什么样子。我的方法也让我的职业生涯充满了极大的成就感与乐趣,让我结识了各行各业的人,使我得以环游世界,让我成为公司董事,更让我拥有了很多一生的挚友以及难忘经历。当然,这一方法也让我认识了你。

现在你我已经连接。

我的父亲常说:"不要等到你需要帮助的时候才去帮助别人。"说这话是他在吃早餐时说的,吃着鸡蛋,喝着咖啡,我和哥哥、姐姐用胳膊肘推来顶去,争抢着桌上的空间。

父母会花好几个小时用来阅读各种报纸。我在纽约州北部长大,确切地说,是在距离奥尔巴尼以北20分钟车程的小镇。在那里,我们住着一间100多平方米的房子,父母每天都会坐在厨房里尺寸不大的木制餐桌前开始一天的工作,地上散落着翻开的《纽约时报》《斯克内克塔迪公报》《奥尔巴尼时报联盟》《特洛伊记事报》和《波士顿环球报》等报纸。我的父母是在美国出生的第一代,他们的父母来自欧洲国家。作为家庭主妇,我的母亲可以说满足了当时人们对妻子和母亲的所有期望。另外,她作为传媒领域的专家,在照顾家庭之外,有着目标明确的职业生涯。她会剪下一些有趣的故事片段寄给同事、家人或朋友,有时还会附上一封长信。

我的父亲是罗素贤者学院(Russell Sage College)的历史学教授,他对待自己的学生、其他教职员工和所有相识的人一律平等。他会给他们送一张内容简短的纸条,上面写着"想你",纸条通常是他用打字机打印出来的。他与各种收信人之间的信件往来堪称传奇，有的家庭好几代人都和我父亲有书信往来，因为她们都是父亲的学生。

现在，我仿佛依旧可以闻到打字机的墨香，听到父亲打字时发出的咔嚓声，以及滑动托架到达页面末端前的乒乓声。我可以听到我母亲用手拍打着她那堆写好地址的信封，准备发送当天的问候信，随后他们就会离开家去寄信。我的父母建立人际关系的方式确实是一种艺术。这种方式不仅给他们带来了快乐，还带来了成就感、满足感和事业的成功。

我静静地观察，然后默默地学习。

何谓有意义的商业关系

是什么让人际关系变得有意义？大多数人，至少是许多人，期望在爱情、家庭和友谊中发展出有意义的关系，但在商业活动中呢？难道在商业关系中，我们不该是如同钉子一般坚硬，甚至理智到近乎无情吗？商业中"有意义的关系"到底应该是什么样子？好吧，首先，在我长期以来采取的方法中，"工作中的苏珊"和"工作之余的苏珊"必须是同一个人。我从来不认为工作和生活应彼此割裂，这无疑与我的成长方式有关。人际关系就是人与人之间的关系——无论其建立方式是在会议室桌上开展业务，还是在我的餐桌上邀请客人品尝饭菜。

但什么使关系变得有意义？对我来说，最有意义的关系是我多年来通过支持女性、帮助弱势群体发声以及使世界变得更美好的工作所建立的关系——将商业、社区和投资用作推动世界积极变化的力量。在接下来的讲述中，我不仅会与大家分享我的连接的方法，也会讲述我通过与几十位社区建设者、活动发起人和企业家以及心理学家、研究人员和活动家建立关系或进行访谈收集到的见解。我们达成一致的观点是：**要想与他人建立有意义的关系，你首先需要与自己建立良好的关系。**

对你来说，什么事情是重要的，对你来说，有意义到底意味着什么，你是否停下来思考过这个问题？对于如何定义"有意义"，你可能与我不同，也与其他人不同，这很正常。如今，大家过度热衷于讨论"本真性"或者"真实性"，以至于它变得毫无意义。想要建立有意义的关系，我们无须，也没必要与地球上的近 80 亿人都产生连接。**我希望在本书中分享的内容包括：第一，你如何定义"有意义的"；第二，如何找到那些不仅与你的价值观和愿景相同，而且能给予你挑战、暴露你的盲点、增加你人际关系多样性和广度的人；第三，如何让人际关系更有深度，更具价值。**

这就是连接的方法。

首先，你需要确定，什么事情让你的人际关系变得有意义。拿出一张纸，写下答案。然后继续回答这个问题：你生命中最有意义的三段商业关系分别是什么，为什么？

这些问题的答案非常重要，因为它们将引导你走向你的"星群"。

大多数人对商业关系的误解

商业关系常常因为过于"功利性"而颇受争议，这也并不难理解。对大多数人来说，认识一个新的"领英"联系人，或者被引荐给渴慕已久的对象，都会引发一场内心独白：这个人可以为我做什么？这就是我写作本书的动力。

我看到有很多人在人际关系方面的做法存在各种错误。大多数人都忙于"为"其他人工作，其实并没有与这些人"一起"工作，他们通过成千上万个小小的人际接触点才能发展出积极的人际关系。他们添加着越来越多的联系人，参加数之不尽的活动，在无休止的线上视频通话中苦苦挣扎，并想知道为什么在漫长的一天结束后，他们会感到疲惫和孤独。但在我的眼里，人并不是孤立存在的。人不是一个孤立的小"点"，而是更广阔的现实中可以发挥作用的一部分，是更宏大愿景的一部分。我们做生意的对象是人。**当你建立起真正的人际关系时，它会激发学习和知识共享的热情，减少倦怠，刺激创新，并创造目标感和幸福感。**我喜欢引荐大家互相认识，以各种方式将人们聚集在一起。

但我是个例外，并非人人与我一样。

今天的大多数人都感到自己"与世隔绝"。

1985—2009 年，美国人社交网络的平均规模缩小了，这意味着他们亲密知己的数量减少了三分之一。对于青年人和老年人来说，都是如此。在我们生活的世界上，孤独仿佛流行病一般，威胁着我们的身心健康，甚至会导致我们的工作满意度和绩效下降。

现在，在我写下这几页的时候，新冠肺炎席卷全球，迫使人们自我隔离，彼此间保持距离。很明显，连接的方法已经失传良久。我们会面对面地交谈，使用网络交流，用即时通信软件沟通，却没有彼此连接的感觉。人们已经在事业和生活中迷失了目标，失去了归属感，原因何在？因为我们过于倚重生活中的数字化工具了。虚拟连接并非目的，它们是达到目的的手段，而真正的目的是建立起具有深度的密切关系，无论是职业关系还是个人关系。而这正是本书的全部内容：如何让你的人际关系达到一定深度。

现在，请思考第二个问题。当前你的商业关系中缺少什么？换句话说，你为什么要买这本书？把你的答案写在前面问题的答案下面。我的方法具体包含聚集、请求和行动三个阶段，现在，你已经找到了每一个阶段中最适合你的目标。

"我能提供怎样的帮助"：从"我"开始

任何有意义的关系出发点都是你自己——你脆弱的、真实的自我。这导致了我们的人际关系缺乏深度：我们是有缺陷的，我们是真实的，我们是凡人。

我们都想成为完美的、成功的、无瑕的人——特别是在工作中！但这并不能直接激发密切的人际关系。

但是在我们充分面对自我之前，暴露真实而脆弱的自我令人恐惧，应先以你的需要为出发点。你需要谁在你身边才能成为最好的自己？你的独特价值和优势是什么？世界上最紧迫的问题是什么，你（也只有你）如何才能为解决这些问题做出自己独特的贡献？这些问题的答案将帮你找到你希望建立关系的理想对象，帮助你实现职业和人生目标。当你找到这个人的时候，自然就会产生神奇的效果。

如果你善于建立有意义的关系，也可以为别人提供便利，深化人际关系的效果。一段人际关系是否有意义，实际上与对方没有多大关系。感到孤独、孤立或者缺乏人际关系的连接只与你自己有关。**你对自己人际关系情况的判断是由你赋予人际关系的意义决定的。**这是一种主观感受：对于这段关系，我感觉如何？

在身边挤满200多人的情况下，你可能依旧感到寂寞难耐；或者和你最亲密的知己坐在一张餐桌上，你却寂寞依旧；也有可能当你蜷缩在沙发上，陪伴你的只有你拯救的流浪狗（在我写下这些文字的时候，我的宠物狗菲比就陪在我的身边），但你却拥有深深的满足感连接感。感到孤独却快乐着和感到孤独且寂寞之间的区别，归根结底在于个人期望。如果你渴望独处，那么孤独的感觉非常棒；但是当你独自一人，希望与他人相处的时候（或者当你与那些令你感到不自在的人在一起的时候），寂寞感就会油然而生。

人际关系的性质取决于你的感受。

我的职业生涯称得上漫长且硕果累累，与成千上万人建立了关系，促成了其他人之间的连接，也目睹了许多相关案例，我将在本书中分享我在这个过程中积累的技巧和诀窍。过去，我的母亲总是对我说："要找到心仪的男孩，你要认识几个男孩，那样你才能通过认识他们的朋友认识更多的男孩。"在商业环境中，道理也是一样的——你应该与他人建立关系，这样你就能连接他们认识和欣赏的人。这个建议如果再进一步，我们需要思考的是你想要认识谁，而不是你需要认识谁。哪些人最能发挥出你的优势，帮助你成为最好的自己？谁是最能从你的资产和知识中受益的人？你是否很少接触不同领域、性别和其他背景的人？你在哪些方面需要被推到舒适区之外？

我发现，寻找和建立这些关系的最佳方法最终总会回到这个关键问题上：我能提供怎样的帮助？

建立起有意义关系的新方法

谈及如何建立有意义的关系，我会使用"星群"作为比喻。银河系里有大约 2 500 亿颗星星。并非所有的星星都会排列组合，形成"星群"这种特殊景象。人际关系也一样，你永远不知道你是如何与另一个人联系在一起的，除非你投入精力研究其中的模式。我已经将我的方法分解为几步，帮助你创建你自己的"星群"。通过询问自己"我能提供怎样的帮助"，可以施展人际沟通中的魔法，我把这种方法称为"聚集、请求、行动"法。这种方法不仅会帮助你创造属于你的"星群"，而且会为你提供工具，帮助其他人也创造属于自己的众多"星群"。也许这是我的方法中最具价值的方面：不仅可以深层次地滋养你构建的关系，而且能产生连锁效应，你可以看到其他人也建立了自己的闪亮"星群"。

在"聚集"阶段，你将学习如何更好地与自己建立关系，定义你的商业价值和目标，确定你能如何提供帮助以及帮助对象是谁，还有谁会帮助你成长。在"请求"阶段，你将继续提出"我能提供怎样的帮助"这个问题，并且通过更多请求，在加深人际关系的同时保持好奇心。在"行动"阶段，你会采取行动——立即以所有可能的方式帮助他人，建立信任，提升人际关系的质量。如果我们真正关注对方并且被对方关注，人际关系中最神奇的部分就会自然而然地发生。

最近的研究显示，拥有数位知己且与知己关系良好的人工作表现更佳，成就感更强，甚至更加长寿。我的父母不需要这些严谨复杂的研究来告诉他们这些知识，他们对连接的方法了如指掌，堪称连接艺术的缩影。他们是传统社交媒体的影响者，每一份剪报的发送、每一勺略微加料的潘趣酒（我们没有鸡尾酒的预算）和每一张感谢卡的书写，都会为他们带来许多“关注者”，而在这个过程中，他们完全保持了真实的自我。他们像打理花园一样呵护着自己的人际关系，浇水，翻土，修剪老叶，无微不至。他们的努力也为他们带来了极具深度的人际关系，这完全不同于目前的“回关”文化，那种文化过于浅显，甚至摧毁了我们彼此之间的连接。

今天，我们的通信工具爆炸式增长，我使用这些工具将不同行业的人以前所未有的方式聚在一起，彼此之间没有对立与竞争，因为那样大家会觉得“建立人际关系”是个令人不悦的词语。相反，我为大家提供支持，让他们汇聚一处，而不是让他们相互对立，在社交平台上的争论中一决胜负。对方可以是曾经经营企业、现在居住在西海岸的某人，也可以是我家乡的好友，或者是我在朋友的孩子毕业典礼上遇到的想了解我业务的高中生，他们都是同一个“星群”的一部分。这种看到潜在人际关系并为其留出空间并采取行动的方法，使我能够将我的生活和工作融为一体，而不会出现倦怠、不堪重负或焦虑的情况。

通过这本书，我将告诉你我是如何做到这一点的，给予你实施连接这项艺术的工具，并教你如何打造你自己的“星群”，“星群”中汇聚了你所需要的人，他们可以让你的生活和工作结出累累硕果。

第一部分

聚集：找寻"星群"中的颗颗明星

焦点： 在实体或虚拟的办公场所或与潜在的合作伙伴会面时，如何创造条件，培养出广泛、融洽的人际关系？建立人际关系的传统目标需要改变。

我们要优先考虑眼前的人与事：我认识的人，我目前拥有的技能，以及我现有的联系人。不要低估与自己商业计划无关的人际关系所蕴含的力量，主动与现有的联系人沟通，正视他们的需求并扪心自问：你能提供怎样的帮助或支持？这样，我们可以获得一笔无价的财富，成为他人信任的依靠，在此基础上建立的关系显然比在领英（LinkedIn）随手点关注建立起的关系更加经得起时间的考验。

在这部分，你首先需要检查你与自己的关系，明确你的目标，然后再去找寻你"星群"中的颗颗明星。随后，你能学到一些相关的技巧和策略，开始以一种放松、自然、鼓舞人心且不耗费精力的方式去拓展人际关系。

第一章

重启建立人际关系的看法

我们都有过这样的经历：即将参加一场拓展人际关系的社交活动；迎来到新单位上班的第一天；或者仅仅是参加一次大型会议。我们迈入房间后，恐慌随之袭来，我根本不认识在场的人！甚至我这样性格外向的人也有过类似的经历。

我的父母是出色的连接者（connector），当然那时还没有"连接者"这个说法，在这样的家庭中成长，让我觉得所有人都与我的父母一样。但是，我错了，很多人都在考虑建立人际关系，但是鲜有人为此付出行动。这在今天尤其明显。

建立人际关系的方式越来越多，但是切断人际关系的方式同样也在增加。我发现大家在建立人际关系时，都没能保持正确的心态。无论在什么地点，会议的具体内容是什么，或者有哪些参会人员，我们总是给自己找各种借口，拒绝建立人际关系。

我经常听到有人使用这样一个借口："我已经无法让自己的职业目标再进一步了，因为我不认识关键人物。"事实并非如此。你认识的每个人，无论他们的经验和背景如何，都能以某种方式帮助到你。只须"重启"自己的心态，你就可以大幅提高自己建立商业人际关系的能力，而且做到这一点并不困难。哲学家威廉·詹姆斯（William James）说过："改变你的看法，你就能改变你的生活。"在本章中，我的目标就是改变你对建立人际关系的看法，不要忽视自己现有人际关系中蕴含的可能性。从眼前的人际关系中，你就可以收获丰硕的回报。

与自己建立良好关系

首先，你要与自己建立良好的关系。你是一个外向的人吗？是否喜欢聚会和社交？能否从他人身上获取能量？或者你喜欢偶尔与关系亲密的人聚在一起而不是频繁见面？了解自己的喜好对于长期发挥连接的方法之价值来说，至关重要。有的放矢才能取得最佳效果，才能在与人交往、沟通的时候毫无倦怠或者疲劳感。

知名心理咨询师埃丝特·佩瑞尔（Esther Perel）著有畅销书《亲密陷阱》（*Mating in Captivity*），她在自己的播客"工作怎么样了"中指出，驾驭人际关系的技巧在家庭和办公室之间的具体应用效果上，并没有太大的区别。

佩瑞尔说，人们在童年和原生家庭中形成的习惯，会蔓延到他们的职业生涯中，尽管大多数人并没有完全意识到这一点。我们如何处理冲突，如何沟通交流，如何培养信任——所有这些技能基本都在童年习得，进入职场之后也无法摆脱此前的影响。所以你需要思考：在此前的生活中，你是如何建立重要的人际关系的？比如在家庭中，回顾一下你是如何与家人相处的，并且秉持开放的态度，接受"工作自我"（work self）和"个人自我"（person self）可能并无二致这一事实，你就能学习到很多人际交往的技能（或者了解到自己存在的缺陷），还能知道你可能需要关注或者提升哪些方面，从而拓展职业生涯中的人际关系。"与自己建立良好关系"，看似是我们在工作之余才需要做的事情，但是在商业环境中做好这件事情也至关重要。

此前我与许多其他连接者和人际关系的打造者交流过，他们也同意这个观点。著名出版人贾米亚·威尔逊（Jamia Wilson）建议，在向外寻求建立人际关系之前，我们要重新认识自己。贾米亚指出，有时我们过分地关注"完成任务"，努力完成工作目标，交付成果，与此同时还要忙于支付生活中的各种账单，偿还贷款，以至于忘记了自己到底是谁。**如果我们没有与真实的自己和自己所代表的人们建立深刻的关系，我们就会忽视建立人际关系的最佳途径。**贾米亚对我说："如果我可以做到对待自己足够温柔，足够富有同情心，努力了解自己并接受自己的全部，无论好坏，无论完美与否，那么我就能敞开心扉，倾听自己，聆听他人并与他人建立关系。"

贾米亚补充道，此前她总是觉得，社会需要她做什么，她就应该做什么，现在她摆脱了这种自我限制，而且对待他人的态度也更加开放。她认为在自然界，特别是动物，自始至终都与自己生存的意图紧密关联。狮子绝不会因为疲惫而忘记自己是草原之王，但是作为人类，我们却偶尔会偏离方向，所以我们需要回归自我。她还指出，有时候我们会觉得与自己进行交流和互动略显尴尬，这很正常。我们也可以从与自己的互动中汲取经验教训，以便于下次做得更好。与其有"我这么做是不是无意中冒犯了他"或者"我也不知道我是否适合这个群体"之类的念头，不如考虑：这种互动让我对自己有了怎样的认识，我是否能从中获得创新的灵感？

当你时常提醒自己：我到底是谁，我到底想要什么，你就能更好地与那些与你目标一致的人建立关系，也能避免在商业关系中遭遇挫折。因为此前你只能采取"广撒网"的办法，把自己的信息投向无垠的大海，期望最终有人能理解你的想法。在进行连接前，我们必须意图明确：**对自己有着清晰的认识，明确自己的需求，这样你才能吸引那些可以帮助你的人。**

现有人际关系就是最大的资源

在人际交往中，我们经常碰到的情况是，想要认识某人，却无人从中牵线搭桥。实际上，能够把你介绍给正确人选的中间人恰恰就存在于你的直接人际关系网中。想要改善你的商业关系，你可以迅速去做且行之有效的改变就是调整好心态。你现有的人际关系就是最大的资源，好好利用它。

例如，你可能希望向某位重量级投资人介绍自己的项目，但是你并不认识他，然而你身边的人可能认识他。认识他的这个人，可能是你好友的叔叔，或者是你的瑜伽教练的侄子，或者是你的理发师的表弟。乍听之下，这个道理比较简单，但是在实际生活中付诸行动的人寥寥无几。经常有人反驳道："他们并不是合适的中间人。"这并不重要，因为他们可以通过自己的人际关系，比如发动朋友和亲戚等，帮助到你。而且，无论其身份是实习生、首席执行官还是列车员，他们多多少少都能教会你一些东西。每个人都能为你提供帮助，拓展你的职业生涯，进而丰富你的生活。反过来，你也能帮助他们。

那么还有什么常见的错误？我们常常为未能建立人际关系找无数个借口：我太忙了，他的层级太高，他的层级不够高，他们没有足够的经验，等等。如果你刚刚踏出大学校门，你可能会思考：我有哪些东西是领导所看重的呢？刚毕业的学生们掌握着丰富的信息，他们站在潮流趋势和新兴技术的前沿，他们是许多公司的目标客户。你如果认为自己年纪太小（或者入行时间太短），所以一无所知，不如换个角度考虑，可能你的老板正打算在你非常熟悉的城市推出产品，而你可以成为他免费的市场调研对象。成功者会告诉你，从不同类型的人们身上获取的灵感和知识都能助你一臂之力，可以带来无穷无尽的可能性。

通常，建立人际关系真正的障碍存在于我们自己的头脑中，这一点在女性身上体现得更为明显，受社会、文化习俗影响，她们常会因不好意思麻烦他人而放弃建立新的人际关系。为此，女性需要先摆脱头脑中的束缚。**没有人是你建立人际关系的禁区。**如果你认为自己无法为他们提供帮助或者他们无法给你提供帮助，无疑是放弃了本该获得的丰富信息、人际关系、协作机会等。我还发现，大部分情况下，我们抛出不想"打扰"别人的借口，通常是因为自己的脆弱，而我们脆弱的一面恰恰能够促成重要的人际关系。下次，如果你因为对方似乎遥不可及或者因不想"叨扰"对方而选择放弃与对方建立关系时，先停下来，思考一下，真正阻止你与对方建立人际关系的障碍可能是自己内心的恐惧：害怕被拒绝，害怕与对方亲近，害怕失败，或者只是害怕尴尬。

"你认识的人"也包括共处一室的团队成员，熟识的或不太熟悉的同事。你是否了解与你一同工作的人们？你每天与许多人有业务往来，为了与他们建立真诚、牢靠的人际关系，你付出了多少努力？与不同组织和不同人际关系网中的人建立关系不仅令你感觉良好，更能激发你的创造力。《应用心理学》(*Journal of Applied Psychology*)曾经刊载过这样一项研究，在我们的直接人际关系网中进行思想的交叉融合可以促进创新，甚至可以对第三级和第四级间接人际关系网中的人产生影响。这一发现意义重大：与人分享思路、进行合作能够产生一系列连锁反应，以我们难以探知的方式对人们产生积极的影响。新的人际关系会为我们带来新的伙伴、新的同事或创新性的想法，甚至能够让你接触新的社区，拓展知识库，提升创造力，带来意想不到的结果。

你还有什么其他借口？性格内向或害羞？确实，有些人，比如我的父母，他们天生擅长社交，轻而易举就能建立新的人际关系。一项关于人际关系发展要素的研究表明，创造"社交资本"中"货币"的能力已深植于我们的基因之中。有些人具有与生俱来的能力，他们可以轻松地交友，顺畅地与他人展开对话，更能通过展示自己的人格魅力来建立友谊。但是如果你性格并不外向，或者一想到侃侃而谈、与人交际便感到局促不安，也不必担心。与其他事情一样，连接的方法也是可以后天习得的技能。本书介绍的工具可以让你轻松拓展自己的人际关系。

明确目标

接下来，你需要明确目标。此前，我们已经强调应"与自己建立良好关系"，现在我们来重新回顾这一理念：你想要在职业生涯以及个人生活中有何成就？此处需特别注意：这绝不是你与交际对象见面的目的，甚至不需要是你们最初谈话的主题。所谓明确你的商业目标，是为了让你搞清楚自己的目标。见面的目的则是建立或者深化长期的互惠关系，随后我们会详谈这一方面。

目前而言，你期待实现什么目标：你是否在寻找一份新的工作或者正寻求晋升机会？又或者计划启动一项新的业务、寻找捐赠者或投资人？不管是什么目标，它都必须非常明确，随后你把它写出来。很多人都会思考自己的目标，那么取得非凡成就的成功人士会怎么做呢？成功人士会写下自己的目标，他们写下自己的目标，并且意识到自己的目标是可以实现的。人际关系是需要长期经营的。当你明确自己的目标时，你想要融入的"星群"就会自动浮现在眼前。

大多数人，甚至包括一些成绩斐然的成功者都会采取"我、我、我"的方式来处理商业关系，极度短视。只要避开这个陷阱，你就能让自己与众不同。设定一个目标，明确自己想要什么，想好如何充分利用时间和人际关系，这样你既不会浪费自己的时间，也不会浪费别人的时间。应记住，**永远不要带着"有所得"的意图与他人建立关系。**

写下你的商业目标，然后列出你现有的重要的人际关系，你可以向这些人学习或者为他们提供帮助。不要因为恐惧（"我不想他们感到有负担"或者"他们不会感兴趣"）或者抱有成见（"他们过于年轻或者年长，经验过于丰富或者经验不足"）而遗漏了任何人。

以倾听、学习和提供帮助作为人际交往的目的

当今社会，提到"建立人际关系"，人们往往会想到一些技术层面的内容，如领英、推特（Twitter）、照片墙（Instagram）等社交软件。它们是许多人日常使用的工具，非常实用，效果显著。但是建立人际关系的关键要素是要超越接受好友申请、点赞、转发、喜欢、分享这类"功利性"的内容。正如本书所探讨的那样，我们培养的深度关系会以意想不到的方式影响我们的事业与健康。

所以，我希望大家能做到：如果你希望与某人建立关系，在你向他发出好友申请或者给他写电子邮件之前，请先进行头脑风暴，想出你可以在哪些方面为其提供帮助，至少想出 2~3 点。他正在开展的项目你是否有所了解？他准备开拓市场的城市你是否非常熟悉？他是否正在提升在某项事业上的知名度，而你恰恰可以在你的社交平台上进行展示？大多数人在和别人喝咖啡、吃午餐或者开会的时候，都会全神贯注于自己能从中得到什么。在写作本章的时候，我的收件箱就收到了大约 20 个请求，这已是常态。但是，想象一下，如果你的邮件堆里除了略显惊悚的"我要向你请教"①，你还能读到"我了解到您正计划在亚特兰大开设办公地，我在那里长大，很想帮助您与我在当地的熟人建立联系。我们可以见面喝杯咖啡并聊

---

① 英语中 Can I pick your brain，字面意思为"我能摘下你的大脑吗"，实际意思为"我能向你请教吗"。——译者注

聊吗"，这时你会怎样回复电子邮件呢？

　　我敢打赌，现在你安排此类会面应该感到轻松许多了吧？当你打消了"我能得到什么"或者"我如何能给他们留下深刻印象"的念头，焦虑也就随之烟消云散。而当你将自己建立人际关系的意图调整为向他人学习、为他人提供帮助时，你关注的焦点就从自己转变成了对方。你会发现，你不仅与对方建立了更加深厚的关系，而且提供的帮助也很可能会得到回报或孕育出真正的友谊。

　　当你见到某人时，你的交际目标应该是努力去了解对方的世界，了解对方所处的环境，主动提供他们所需的帮助，或者邀请他们参加你们彼此都喜欢参与的活动，以此培养可以在未来为你提供帮助的更深层次的关系。这样也可以营造一个公平的交际氛围，让每个人都感到更加舒适和开放。如果你在与人建立关系时，能够从生活的角度出发寻找共同点，比如你们是否都是中间孩子[①]，是否都喜欢旅行，是否都对环境问题感兴趣……这会让你在人际交往中仿佛自带啦啦队一样顺利。这可能会成为一个人建立人际关系网络的开端，也许对方最想要建立关系的对象并不是你，但是你可以为他们牵线搭桥。从生活和人性的角度出发，与他们建立关系时可以思考的问题有：他们的家乡是哪里，他们出生于怎样的家庭，他们的家族拥有怎样的历史与文化……了解了这些细节后，你在同他们展开对话时，就可以更有效地促进人际关系的建立。了解各种细节好比集合条条细线，最终汇聚为联结彼此的纽带。但如果你仅仅谈论工作，那么你可能就错过了我们之所以为人的基本乐趣，即我们拥有的共

---

① 中间孩子是指多子女家庭中出生顺序位于中间的孩子。

同点和本质。

从人性的角度出发与他人建立关系，其必要性显而易见，甚至因为过于明显而略显荒谬。研究表明，这其实是一项已被我们遗忘的技能。信诺（Cigna）公司的一项调查显示，在美国，约有46%的成年人表示自己时常感到孤独，约有54%的成年人表示他们总是或有时感到没有人了解、认识他们。这一结果值得我们思索：在美国，超过一半的人觉得好像没人认识他们。这一统计数字令人感到惊讶。这显然不利于商业发展，因为商业的对象是人。

研究还表明，孤独感甚至可以将人类的寿命缩短数年。一项研究发现，感到孤独的人比正常人死亡风险率高出约26%。孤独会产生压力荷尔蒙皮质醇，导致高血压、炎症增加和免疫功能下降。大家普遍认为，随着年龄的增长，孤独感也会增强。令人惊讶的是，实际情况与之相反，Z世代（18~22岁）和千禧一代（23~37岁）孤独感强的问题最为严重。相比之下，研究表明，拥有深厚、良好的社会关系网可以增加15年的寿命。但是，大多数人都忙于工作、努力赚钱、完成各种任务，一天下来，我们总是变得疲惫不堪，人际关系的空白堪比我们空虚的内心。在与他人交往时，如果你能把倾听、学习和提供帮助作为常态，很快就会得到满足感。请记住，**无论何时，我们始终应保有人类的本性，可能我们语言上互不相通，但是在情感上却始终保持着高度一致。**

在我上幼儿园的时候，我们全家都住在罗马尼亚，当时我的父亲作为富布赖特（一项高规格奖学金）访问教授在布加勒斯特大学工作。我周围的孩子都说罗马尼亚语（一门巴尔干半岛上的浪漫语言），听上去有点像将德语、法语、英语、希腊语、斯拉夫语和匈牙利语融为一体。我几乎听不懂周围的孩子在说什么。但我依旧与他们建立了良好关系。一名5岁的儿童无论出生在何处，归根结底还是一个5岁的孩童，他们不会固执地纠结于彼此之间的不同，相反，他们更愿意放大彼此的相似之处。我们可能语言不通，但他们只用眼神就能表达"在秋千那边等我怎么样"（那时罗马尼亚只有临时架起的秋千），而我也照样可以教当地的孩子如何跳绳。

无须语言互通，就能建立关系。我总是能够与来自不同行业、不同地区、不同阶层的人建立关系，其中部分原因可能是我有着童年在欧洲东南部生活的经历。与常驻该地的政要不同，我们与普通的罗马尼亚民众生活在一起。如果我们晚餐的时候想吃鸡，就要请楼上的邻居帮我们杀鸡去毛。在罗马尼亚的那段日子让我知道，开放的态度、好奇心和求知欲是建立关系和信任的基石，也为我日后与拥有不同个性、才能和兴趣的人建立庞大的关系网络奠定了基础。

我总是说："我们有两只耳朵，一个嘴巴，必有其存在的缘由。"保持开放的心态、好奇的思维以及探究精神十分有意义。尽管有时我们抵触与他人面对面交往，特别是当对方是我们不太熟悉的人时，但是社交有益于我们的大脑。2011年的一项研究表明，神经生物学内源性阿片类物质系统（neurobiological endogenous opioid system）（我们身体与生俱来的内部止痛系统）在社交中发挥着积极作用。与他人积极互动可以激活大脑中让我们感觉良好的那部分。这是一种自然的兴奋，没有副作用。

当然，我的父亲不需要阅读任何临床医学研究就能理解建立人际关系的益处，他就是知道。他会说："哦，苏珊，你要去波士顿了，你该去拜访一下你的三表哥。"因此，编织一张不断扩大的人际关系网，这种想法已经在我小时候便被候深深地刻入构成我生命的"纤维"之中了。

建立长期关系，不要割裂生活与工作

我的父母进行人际交往时，并不会因为对方是同事、邻居、朋友或家人而区别对待，人就是人。他们认为每个人都值得去建立关系，值得去深入了解和关心。我上小学二年级的时候，母亲不再做全职太太，她又一次全身心地投入工作。在此之前，她每年都会为父亲所在的历史系以及大学里的同事们举办一次精心策划的开放日。她会花费整整 3 个月的时间来准备，事无巨细，她会用饼干刀把奶油芝士和熏制鲑鱼三明治切成圆形、星形、方形，会安排宾客按照彼此交错的时间表来到场地，这样现场就会不断地有新面孔加入，最重要的是她会创造一个令人舒适的交际环境。

但是大多数人对于建立关系并不抱有乐观态度。奥利弗拿撒勒大学（Olivet Nazarene University）的一项研究表明，平均来看，美国人认为仅有 15% 的同事可以称得上是"真正的朋友"，41% 的同事仅仅是同事而已，而 22% 的同事就像陌生人一样（难怪人们会感到孤独）。大家普遍认为我们在办公室内需要保持警惕，避免显得自己弱小或脆弱。但是我恰恰主张在工作中应该培养真正的友谊。不要坐等与同事成为朋友，而应主动出击，你永远不会知道你们的友谊将会有何种结果。

以我与玛德琳·詹宁斯（Madeline Jennings）的关系为例，她此前担任高管，帮助我获得了我人生第一份"真正"的工作——在一家报社担任研究员。她是我父亲任教大学的董事会成员（还记得我父母不会区别对待朋友和同事吗），我是通过父亲认识她的。30年后，我们仍然保持联系，我会给她发送短信和邮件，而她出差和旅游时也会给我寄明信片。现在玛德琳已过耄耋之年，她最近还把我介绍给她的侄女，后者和我一样住在布鲁克林而且相距不远，我招募她加入了我担任董事会成员的一个非营利组织。这就是个人关系的延续，这就是真正的友谊。你脆弱的方面或者你展露出的真实自我更有可能帮助你建立关系。我们都是人，所有的人都有弱点。

原本只是生活中萍水相逢的人，或者只是有过一段短期交往，最终却成为终身好友，这便是连接的魅力。你可以把新认识的对象当作会相处一生的对象，这样就会减轻每次会面的压力，这种活动好比阶梯，帮助你拥有持续一生的人际关系并且让双方受益。每条短信、每张贺卡、每次对话、每次喝咖啡时的聊天，都是一个个接触点，随着时间的推移，这些接触点加深了彼此之间的关系。

罗布·克罗斯（Rob Cross）是巴布森学院的商学教授，他研究人际关系的影响已有近20年。他的研究也支持了我父母（尤其是我母亲）的观点：在事业上最快乐的人是那些在工作中拥有真正朋友的人。克罗斯发现，花费时间培养良好关系的人更可能感受到充实感，即便他们的工作非常平凡或正面对巨大的压力。如果你觉得工作中根本没有亲密关系、脆弱和友谊的容身之所，那么不妨再思考一下：信任、倾听、公开交流意见和反馈，这些都来源于亲密关系。彼此之间拥有相互亲近的感觉并非总是发生在刹那之间，它通常需要时间，通过一封封信件（或者一条条即时聊天信息）慢慢培养。

但我坚信，你可以全身心地投入社交之中，明确表示你的目的是与对方建立友谊。无论是通过即时社交软件这样的虚拟方式，还是通过现实中的信件，重要的并不是采用何种社交媒介，而是你进行社交的意图、频率和内容，重要的是行动而非空想。

我的母亲天生就懂得人际关系可以滋养灵魂，现代科学也证明了这一点。有大量的研究表明，大脑中的多巴胺、血清素、催产素和其他"令人感觉良好的化学物质"都与积极的社交有关。我的母亲还明白，拥有成功事业的关键就是建立良好的关系，建立良好的关系应该是工作的一部分。虽然有些人可能难以相信，但是克罗斯的研究表明，如果单纯从幸福的角度衡量工作成功与否甚至是否正处于职业巅峰期，实际的结果都与你工作的具体细节并无关系。工作中的成功并不取决于你在工作中扮演的角色、感受到的压力大小，或者工作中面对的要求。相反，他认为工作成功与否与我们人际关系的质量和深度有关，取决于我们如何在工作或个人生活中与人交往。这个发现非常重要，当你下次感到倦怠无力、压力巨大或对工作不满的时候，你可以考虑一下自己是不是在这方面出了问题。当你在工作中感到不堪重负时，也许你需要的不是减少工作量或更换工作，而是去改善你的人际关系。

做志愿者或参与本地事业

虽然现在我们有许多新的交流方式与工具，但是我仍然建议年轻人在前往新的地方开启自己事业的时候，应该参与到自己所关心的组织中去。这一策略我屡试不爽，特别是当我面临人生中的重大悲痛之事时。

1986 年 12 月，我 22 岁，正在波士顿大学读广播新闻学的研究生。在母亲的帮助下，假期时我在华盛顿特区的全国广播公司协会找到了一份工作。在和男友跨年约会之后开车回家的途中，我收到的一条消息永远地改变了我的生活。在新年前夕与父亲度假的母亲，死于波多黎各圣胡安杜邦广场酒店的一场火灾之中，年仅 56 岁。一名酒店员工与酒店所有者发生劳资纠纷，为了发泄怒气，他点燃了储藏室里的燃料，引起了熊熊大火，火势迅速失控，造成了 97 人死亡，数百人受伤。我的父母当时并没有住在酒店里，父亲只是让母亲玩一下酒店的公共游乐设施。遗憾的是，母亲在酒店玩了 30 分钟之后，大火发生了。

此后的几天、几周、几个月甚至几年，震惊吞噬了我，悲伤笼罩着我，我的内心对于纵火者蔑视生命的做法感到无比愤慨。母亲的离去令我难以接受。昨天还是鲜活的生命，今天突然离我而去，这令我无法释怀。

母亲离世一年后，我又经历了一次痛苦的分手。母亲离世三年后，我从华盛顿特区搬到南加利福尼亚州的新港滩市，在报社从事营销工作。抛下所有认识的人和熟悉的事，我不得不从头开始建立生活圈。初到新港滩市，我依旧思念母亲，急于用新的人际关系、人生目标还有工作带来的感受取代心中的悲伤，我开始做志愿者，加入非营利组织。

当你卷起袖子，为了自己关心的事业努力工作时，你肯定会遇到志同道合的人。你建立的人际关系可以收获无数回报。那时，我没法使用任何现代通信工具。我没有用 Facebook[①] 和朋友联系，没有在领英与同事沟通，我打开黄页电话簿建立联系，加入了所有我能加入的非营利性组织，用实际行动"关注"西海岸的相关事业。最终，我也开始举办晚餐会，虽然规模与母亲的相比小了很多，但是我逐渐地建立起自己的人际圈，在助力自己职业发展的同时不断成长。

当你初到新的地方或进入新的行业，你可能觉得自己的人际关系网覆盖面和影响力非常小，但实际情况可能会令你备感惊讶。

想象一下，如果你像我一样搬到一个新的城镇生活，几天之后，你认识了 4 个人。那么你在当地的人际关系网只有 4 个人，对吗？并非如此，你现在已经与这四个人中每一个人的朋友（你的二度人际关系网），以及他们朋友的朋友（你的三度人际关系网），还有他们朋友的朋友的朋友（你的四度人际关系网）建立了联系。研究表明，你会受到跟你有关系的人的影响（例如投票选择、饮食习惯以及对幸福的定义），这一跨度最远至四度人际关系网。因此，尽管你可能觉得自己只与 4 个人有联系，但事实上你已经受到了成百甚至上千人的影响。社会学家、医生尼古拉斯·克里斯塔基斯（Nicholas Christakis）在业界颇具声望，他主要研究人际关系网及影响人类行为和寿命的社会经济、生物社会和进化决定因素等。他的TED 演讲广受欢迎，他在其中分享了几个关于人际关系网潜在影响的有趣故事。克里斯塔基斯研究了幸福和利他主义，并取得了令人惊讶的发现，他证明了人们实际上会与数百甚至数千人产生联系，

---

① Facebook：脸书，2021 年 10 月 28 日，Facebook 正式更名为"Meta"。

其中大多数人自己甚至并不认识。

优先与连接者建立关系

同时，我还建议大家优先与连接者建立关系，如果他们是你的老板则更应如此。连接的方法不仅应知道如何与他人建立关系，而且要知道谁能在多个领域为你提供帮助。在工作中，连接者能够提供数之不尽的帮助，特别是在管理方面。在 4 种不同类型的管理者（教师型、啦啦队长型、"时刻关注"型和连接者型）中，连接者型是最成功的。教师型管理者，顾名思义，对于做好工作所需的所有事情，他们都会提供指示；啦啦队长型领导会支持你、鼓励你，大多数情况下，他们会与你保持距离，只是给你引导和指导，让你自己想出办法；"时刻关注"型管理者可以在任何时候为你提供你需要的支持——回答问题，给予反馈，或者只是倾听。连接者型管理者会利用自己的人际关系，请来团队的其他成员、合作伙伴或顾客做你的老师，你请教对象的深度和广度都将得以拓展。连接者型管理者非常清楚，在某些领域，他们能给予你专业知识方面的指导，但是在其他领域，其他人选可以更好地为你传授技能。显然，向你介绍其他人可以提升工作效率（"你想学编程的话，鲍勃是更好的人选"）、增进信任（"对于你，我无须过度管理"）、促进沟通。

《联结型管理者》（*The Connected Manager：Why Some Leaders Build Exceptional Talent—and Others Don't*）一书的作者杰米·罗卡（Jaime Roca）和莎莉·王尔德（Sari Wilde）发现，在 4 种类型的管

理者中，连接者型管理者能建立最强大、最高效的团队。他们的直接下属中有高绩效员工的可能性，是其他类型管理者的 3 倍，他们管理的员工的敬业度也比其他类型管理者的员工高 40%。

从生产力的角度来看，这合情合理，连接者型管理者使用人才和分配工作的方式能够提升所有人的工作效率。此外，如果他人希望与我们建立关系，还可以为我们注入积极情绪。建立关系需要注意到对方并且给予关注。当管理者注意到你、关注你时，会让你感觉非常良好。

预连接

即便你不喜欢很多人聚在一起的场合，会议或大型活动依旧会不可避免地出现在你的日程之中。可能在活动开始前一小时，你都还在考虑，"还是不去了吧"。存在这种问题的绝非你一人，面对社交活动，我们都会感到恐惧。如果和一大群人聚在一起令你感到害怕，那么可以试着参加或组织规模更小、联系更紧密的聚会。

实际上，这也是我今天最喜欢做的事情，我喜欢组织人数不多的聚会，参与者可以彼此学习。我推荐这种方式，如果你能照做，我相信你的人际关系也会得到加强和拓展。我还是社交俱乐部的忠实支持者，而且在眼下的工作中，我也非常依赖通过策划聚会这一手段来解决问题。这样的聚会，可以建立起创新性的、跨行业的关系，而办公楼里绝对孕育不出这样的人际关系。

技术在人际关系中也具有重要地位，现在已经进入属于互联网的世界，**我们可以在网络中找到与我们价值观相同的人，这样，社交媒体就不会沦为宣泄愤怒的途径，而是传播善意的工具。**

如果你要参加会议或者大型聚会，我建议你先做好自我介绍，进行预先联系。许多会议和峰会都提供了应用程序，并且鼓励参会者在开幕之前利用应用程序彼此联系。利用这些应用程序，你可以了解哪些活动参与者与你有相同的兴趣爱好，给他们发送消息："我周五到，但是我认识的人不多。能否在早上的会议之后与您喝杯咖啡，谈谈海洋保护问题？"这样就消除了必须当面建立关系的压力，缓解了心中的部分焦虑。

同样地，在介绍他人相互认识时，进行预先联系也能发挥作用。如果我能让二人展开对话，指出这二人的共同点，那么双方会顺利地认识对方并且不会有任何尴尬。这一方法我会应用在我组织的聚会及客户身上，也会应用到团队的内部。即便你没有面对面交流的计划，发送电子邮件进行简单交流也有助于你们结识对方。

但是很多人会因此落入"避免不适"的陷阱。不要让联系工具代替社交本身，它们仅仅是开启人际关系的工具。在如何认识对方的阶段，你可以依靠技术手段，但是不要把它作为避免面对面社交的拐杖。如果你已经通过领英、电子邮件或线上媒介和对方交流已久，却没有建立线下的关系，那么当面交谈就是一个绝佳的机会，这样才能拓展此前建立的较为随意的关系，赋予其更深层次的意义。

总结：付出行动并真正建立人际关系

即便你是刚刚开始从事一份新的工作，来到一个新的城市，踏入一个新的行业，你认识的人也远多于你的预估。不要把工作中的人际关系局限在企业内部。你现有的人际关系可以发挥巨大作用——潜在的人际关系往往隐藏在你意想不到的地方。你认识的人越多，对他们的了解越深入，你成功的概率就越大。可以肯定的是，如果你能努力帮助自己认识的人，这些给予别人的便利与帮助终有一日会为你带来回报，而且回报将是你付出的 10 倍之多。

对人际关系产生需求是人类的本能。但是付出行动并真正建立人际关系，才是人生的关键。

第二章

先邀请别人，才能获得别人的邀请

传统意义上的"社交"不知不觉间已经成为"喧闹"的同义词——迈出家门，扎入人堆，频频握手。提到社交活动，我脑海中浮现的场景是，一位女士站在电梯里，她即将走进酒店的宴会厅，里面全是她不认识的人，她穿着自己喜欢的正装，口袋里装满了名片，虽然她外表看起来彬彬有礼，准备笑容满面地与大家打招呼，其实内心却在想："天啊，我只想赶紧上楼休息"。这不是"建立关系"，这是"应付差事"，社交（net working），听起来像是一件苦差事。但如果我们把"社交"称为提供帮助或者创建社群，是否会显得更有意义？

传统社交的动机通常是获得某种事物的欲望：名片、邀约、工作、关系、合作伙伴、客户或者是为业务寻求资金。这种方式不仅效果欠佳，而且会令我们感到沮丧、疲惫。事实上，与这种"这对我有何好处"的心态相反，我的建议是培养"有营养的"商业关系。与其给一屋子的人分发名片，随后任由他们把你的名片扔到垃圾桶里，不如简单地转变一下社交范式。连接者可以建立重要而强大的人际关系，想要成为连接者，最好的方法是掌握主动权，成为社交的东道主。与其坐等别人的邀请（或者"得到"任何东西），不如自己主动去邀请别人。

要迈出"聚集"的下一步，我们需要召唤出内心的玛莎·斯图尔特（Martha Stewart）①，努力成为最好的东道主。这样就是将"我能提供怎样的帮助"的准则付诸实践，无须等待他人许可，你就可以打入你希望就职的公司之中。你可以自己安排并且主办这些聚会，此时你需要思考，如何才能站在东道主的角度去决定谁应该来参加聚会，而且要考虑对方为什么要参加以及如何来参加你的聚会。

更重要的是，要区分做好东道主和讨好他人的区别。如果你是东道主，应让他人感到宾至如归，在考虑其他人需求的同时也要照顾到自己的需求。东道主不会把自己搞得筋疲力尽，也不会承担自己承诺之外或没有资源开展的事情；而讨好他人的动机是满足他人的需求，争取别人的重视。如果你的心中没有清晰的界限，做好东道主就会演变为讨好他人。

2019 年，《快公司》（*Fast Company*）杂志刊载了题为"对讨好他人的行为说不，让自己的成功不再受限"（How to Stop Your People-Pleasing Behavior from Limiting Your Success）的文章，文中提到过度亲切和蔼就会发展为讨好他人。职场上，一味地讨好他人可能会导致事与愿违，"讨好他人"通常会被认为是自身不够强大的表现，难以赢得同事的尊重。而充分体现"我能提供怎样的帮助"精神的热情东道主会关注自己如何能让他人感到舒适，讨好他人的

---

① 玛莎·斯图尔特有美国"家居女王"之称。

东道主则会强迫自己不断以"好的"来回应别人的要求，甚至以自己的精神和身体健康为代价。二者有着本质区别，请注意：我并没有建议你在社交中讨好他人。我所推崇的"我能提供怎样的帮助"的理念旨在让你拥有更强的领导力、更良好的社会关系以及更加有效的策略。

互惠互利，成为另一种 JOMO

选择组织活动而非被动等待邀请，可以从两个方面降低建立关系的难度。首先，在组织活动的时候，你对于社交的任何焦虑、恐惧或者害怕都会烟消云散。

你不需要再担心"我会被邀请吗"，相反，你需要思考的是"我应该邀请谁"。思索"我应该邀请谁"这一问题的时候，你会将自己放在主动地位：你是掌控者。

FOMO[①] 可以转变为 JOMO，但是并非你所听说的乐于错过（the joy of missing out），我认为的 JOMO 是乐于见到他人（the joy of meeting others）。这一策略的高明之处在于，它将你从弱者的位置——常纠结自己没能参加哪些美妙的社交活动，提升到充满权力和力量的位置。你不再是追随着、等待着获得许可的人，你将华丽转变，成为领导者：组织互动，牵线搭桥，建立关系，逐个举办活

---

① FOMO 是 fear of missing out 的首字母缩写，直译为害怕错过，网络上，FOMO 也被称为错失恐惧症或者社群恐慌症等，是指一种由患得患失情绪所产生的持续性的焦虑，患上这种焦虑症的人总会感到别人在自己不在时经历了什么非常有意义的事情。——译者注

动，挨个给别人打电话发出邀请。大家会逐渐将你视为一位主动的领导者："你知道苏珊正在组织聚会吗？"

原有的社交方式不仅会令人疲惫、没有与时俱进，而且效率极低，经常导致我们觉得对方并非充满正能量，彼此相遇会略显尴尬。落入这种社交陷阱之中，我们会感到自己是被迫与自己认为"正确"的对象建立关系。我们等待邀请参加社交活动或聚会，有机会接近理想的投资者、捐赠者、有影响力的人物或导师，这时我们是处于弱势地位的，满脑子想着"他们是否需要我""他们是否会邀请我"。当你处于被动位置时，只能顺从，更不用说你面对的巨大压力。若你处于等待状态，会让力量的天平失去平衡，根据我个人的经验，这还会导致关系停滞不前和"无法启动"（failure to launch），而非让人成长。

你可以通过自己举办活动，重新获取自己在聚会中的地位。把自己打造成活动的组织者和主持人（甚至包括线上活动），在付出的同时也要学会接受，这样也能让你做好准备——在此后接受其他人的邀请并与他人建立关系。

在社会心理学中，有一个术语专门用来描述这种情况——互惠。互惠是一种正常的社会行为，指面对积极行为（例如挥手打招呼）时，同样以积极行为（如挥手回应）给予回应。人际交往中有一条黄金法则：你想要别人如何对待你，就应该以同样的方式对待别人。虽然并非人人都能遵守这条法则，但大部人还是能够做到的。**当你觉得自己的人际关系不够"广阔"时，或者你觉得自己缺乏能够发挥作用的商业关系时，只有一个人能够解决这个问题：你自己。**有证据表明，"邀请他人从而获得他人邀请"这一方法确实有效。就我个人而言，这种方法确实有效，我已经使用了这种方法长达 30 年，并取得了巨大成功。

1974 年，供职于杨百翰大学的社会学家菲利普·昆兹（Phillip Kunz）决定针对互惠法则展开实验。他感到好奇的问题是：如果他给陌生人寄出节日贺卡，结果会如何，他们中会有人回复贺卡吗？他随机抽取了 600 名实验对象组成了实验名单，名单包括实验对象的名字和对应地址。

在节日的时候，我们都会寄出贺卡，他也向名单上的 600 个家庭邮寄了贺卡。但是与我们不同的是，他从未见过收信人中的任何一个。每张贺卡，昆兹都附上手写的字条或者他和家人的合影照片，对收信人送上节日的祝福。实验的结果令人印象深刻。他收到了回信：起初只有几封，犹如涓涓细流，但是很快他就收到了大量回信。整个假期，他收到了来自名单上陌生人的 200 多张节日贺卡。寄回的信件中，有人回复了长信，有的甚至手写了长达 4 页的内容。不仅如此，昆兹与他们的通信也持续了很久。在之后长达 15 年的时间里，他和家人都有收到过其中一些陌生人寄来的贺卡。昆兹的节日贺卡实验充分说明了互惠法则的意义：我们可以与毫无关系的陌生人建立起长期而有意义的人际关系，只要我们敢于去联系他们，并给他们与你建立关系的理由。

如果你仍然不愿相信，那么我再次提醒你，其实你每天都在从事着互惠活动，只不过你并未意识到罢了。是的，我们都在做：踏入电梯，有人会向我们招手问好，我们会回一句"早上好"；远足的时候，有人会对我们微笑，我们也会以笑脸回应。当然，总是有一些人会破坏这一社会规范，但大部分人都愿意互相帮助、建立联系、回报善意。你所要做的就是开始邀请他人，作为回报，你也会得到邀请。

无论你缺少什么——人际关系、想法、活动邀请，你现在要先给予他人这些。很快，就像社会学家昆兹的实验一样，你的付出就会有回报。你可能想过，"我真的希望这个人能够邀请我参与他们的活动"，但是很有可能你邀请名单上的某个人也有着同样的想法，你恰好能满足他的归属感需求。有人给予我们重视的时候，即便只寄了一张简单的节日贺卡，大部分人都会感受到激励，也乐于回报这份善意。

确定聚会的目的

现在，你已经明白了你需要向他人发出邀请，在建立重要人际关系的过程中，种瓜得瓜，种豆得豆——是时候发出邀请了。在开始之前，很多人会忘记一个关键步骤：无论你组织什么性质聚会，哪怕只是简单地喝杯咖啡，你都需要明确聚会的目的。许多人跳过了这一重要步骤。如果你没有设定一个意图或目标，那么大家聚在一起的意义何在？女性在线（Women Online）以及人际关系网站 The Mission List 的创始人莫拉·阿伦斯-米尔（Morra Aarons-Mele）是我的朋友和同事，她建议我们先思考清楚"我为什么要建立人际关系，我希望从中得到什么"。

确定聚会或会议的目的听起来似乎是常识，但是依旧有许多人跳过了这一步骤。在你发送请柬或电子邮件之前，需要先问问自己：你是要提高大家某一方面的意识？你想要教育大家？你想为某项事业筹款？阿伦斯-米尔还建议，即使你不是一个需要管理 500 名员工团队、时间匮乏的 CEO，也要有意识地对自己的时间进行管理。如果你能围绕如何花费你的时间以及与谁一起花费时间制定一些规则，你的余生将因此受益。而且你会发现，要想做到这一点，你需要学会适时拒绝，说出："不，谢谢。"这也是一项需要磨炼的好技能，是"讨好他人"问题的解药。即便你的职业生涯刚刚起步，也需要辨别哪些活动和会议真正需要参与，哪些人和事值得花费时间。

在不断建立和拓展人际关系的过程中，有几种类型的人，值得你特别关注一下：值得你信赖并会给予你诚恳建议的导师，可以让你与其他人建立关系的超级连接者，还有会给你真诚的反馈而且言简意赅的人。

在与他人建立关系之前，应围绕每次会议或聚会制定一个具体的目标或意图。阿伦斯-米尔对我说，据她观察，今天的年轻人总是要求自己建立完美的人际关系或职业生涯，所以承担了巨大的压力。她建议年轻人放下这些不必要的负担。她告诉我，"在我那个时代，没有科技孵化器之类的玩意儿，我们只能从一份糟糕的工作开始，然后想办法一步步向前走。"

对于那些向她寻求职业建议的年轻人，她喜欢告诉他们，"深呼吸。"你的职业生涯和你的人际关系建设工作不会如直线般一帆风顺——不要介意。不管现在是你职业生涯的第一年还是第四十年，只要能够回归基本原则，你都能从中受益。阿伦斯-米尔建议："想一想什么能让你在工作中感到快乐，你需要赚多少钱才能有良好的人际关系。只有做自己喜欢的工作时，你才能够建立良好的人际关系，因为这时大家都会看到你身上跳动着激情的火花。"想要建立人际关系，你无须逼迫自己，无须承受太大的压力，也不需要过分努力。

主动举办活动，而非被动等待邀请

一旦你开始思考以这种方式去建立人际关系，你就能体会到前所未有的乐趣。如果进行社交活动就像调制一杯鸡尾酒，那么现在你就是调酒师，你需要找到将大家聚集在一起的方法。这些人包括你已经认识的人，或者可以通过熟人接触到的人，以及你真正喜欢或者认为会相处得很好的人。

我在报社工作的早期，在新闻行业认识了一些人，每个月我都会为他们组织聚会，我们会聚在一起吃早饭，每隔一段时间，每个人都会带一个新人参加聚会。那时是1991年，还没有互联网和社交媒体。这些早餐不仅会让每个人感到自己很受欢迎，还让我确立了在职场中的声誉，但凡有人想了解公共关系方面的知识都会来找我，比如招聘员工、选择咨询公司、获取行业信息等。更不用说想得到哪家餐馆好吃、哪条登山路径是最佳选择这样的更易获取的信息。

如今，人们可以通过视频会议应用程序，在家里舒适地参加会议，全球数以百万计的人正在远程工作，在我写下这些文字的时候，目睹并感受到了整个世界的变化，这种变化的速度和强度令人难以置信，有时也令人畏惧。但是我在本书中提出来的方法并不会受到这种改变的影响，如果你在建立关系的时候有着明确的意图，努力去发掘双方共同的兴趣，势必可以建立良好关系，滋养你的灵魂，并帮助你在职业领域收获回报。

因此，假如你已经确定了建立人际关系的原因和目的，现在是时候确定方式和对象了。你并不需要举办花哨的聚会，也不需要投入长达 3 小时的活动时间，甚至不需要有很多参与者。你可以与几个邻居进行 20 分钟的通话，集思广益，思考如何减少你所在社区的失火风险。如果你是一个内向的人，"主持"也不一定是一个刺耳的词语。阿伦斯-米尔与我分享了一个非常明智的观点，"不同的人对人际关系的需求程度不同。我擅长与他人建立人际关系，我需要与人面对面的接触，这对我来说就像空气一样，保证了我的生存。"她的话提醒了我，在建立人际关系甚至生活中，大家的表现各不相同。有些人像我一样，善于和他人沟通，建立关系，并可以在这一过程中收获情感上的支持；但对于另一些人来说，比如阿伦斯-米尔等，保持良好的人际关系是好事，但在感情层面他们并不一定需要人际交往。

围绕问题举办活动

如果你已经与自己建立了良好的关系，对于聚会的初衷与目的已思考清楚，那么另外一个重要的技巧，是围绕具体的工作或问题策划聚会。这样，活动的参与者都是与主题相关的"明星"，并且会魔术般地组成"星群"。我曾为竞选公职的政治家以及发售图书的作家举办活动，还举办过聚会讨论生育权利、气候变化和公共卫生等复杂问题。你也可以把人们聚集在一起，讨论一些简单（也可以说是"复杂")的事情，例如怎么解决孩子们过度依赖手机的问题等。任何内容都可以作为活动的主题。

　　早在 20 世纪 90 年代，我策划公共关系或交流早餐会的目的，只是为了让公共关系行业的人聚在一起。最初我们只有 5 个人，每个月聚会一次。但随着时间的推移，很多人都想参与这个分享信息、促成合作的聚会。公关圈的人会说："你一定要见见苏珊，她每个月都在举办活动。"自那时起，我举办的聚会规模呈指数式增长。不久之后，我的潜在客户名单上就有了很多能为我提供稳定业务的公司。从商业的角度来看，这种策略非常有效，不仅如此，我还与参与聚会的许多同事和客户建立起了长达30年的牢固友谊。有人曾经问我："由什么样的人为你提供服务会不会决定你是否把业务交给这家公司？"我恍然大悟：大家选择我们报社并不是因为我们的服务更好，而是因为与我们公司的人相处令他们感到舒服。

　　我想再重复一点：**做生意的是人，人们会选择那些自己认可并让自己感到舒服的人来做生意。**你需要让大多数人愿意让你成为他们的合作伙伴。

播种关系

　　在建立关系之后，你需要进行维护，否则再紧密的人际关系也会终结，或者长期处于蛰伏状态。一旦建立关系，你如何能确保其健康发展？ 20 世纪 90 年代早期，我在加利福尼亚州南部管理销售业务。我每个月会挑一个周五安排活动，给电话簿上的每个人打电话，与他们的助理沟通，或者在他们语音信箱留言。那个时候还没有电子邮件，甚至连语音信箱也未普及。我只是留下简短的信息——"我突然想到了你"。仅此而已，没有要求，也不需要对方回复。

现在我自己经营公司，迫使我思考时更加审慎。在麦克弗森战略咨询公司（McPherson Strategies），我们使用一个工具，可以把所有的联系人放入一个数据库进行维护。在职业生涯的早期，我就学到了关于人际关系以及如何应对各种情况的技巧，我的老师是时任我老板的南希·赛尔斯（Nancy Sells）女士。她是报社在洛杉矶办事处的主管。那时，报社还没有在奥兰治县设立办公点，大多人都不知道它也在西海岸开展业务，因为公司的总部在东海岸的纽约。这给它带来了巨大劣势，因为当时我们最大的竞争对手某公司的总部便设在旧金山，而且它在奥兰治县也有自己的小团队。雪上加霜的是，我此前在编辑部门工作，对销售领域一窍不通。

但南希教会了我如何与人交朋友、打交道、建立关系，彻底改变了我的人生。她教给了我一个极其重要的技能：找出令对方兴奋的事情。当你遇到某些人时，找出他们感兴趣的东西和他们面临的挑战。然后问自己：我怎样才能为他们提供资源？我如何才能知道哪家餐馆最好，在哪里度假最舒适，从而为他们提供建议？如果你负责销售，你的成功并不完全取决于你的服务或产品卖得如何。最成功的销售员会让自己本身成为一种资源，最终成为客户的朋友，为客户提供支持、答疑解惑。

那时，我和南希会把一整天的时间花在给客户打推销电话上。我们会整天待在车里：在车里吃午饭、化妆等。那时的手机大概有

电话簿那么大，而且电话费非常昂贵，所以我们会在加利福尼亚州
405 号高速公路旁的公用电话给客户打电话。我们站在高速公路出口
处，把硬币投入公用电话，给客户打电话说："您好，我们现在已经
到了奥兰治县。我们知道您很忙，但是我们想登门拜访一下。"

那时，我们没有领英、电子邮件通信录、客户关系管理系统等
工具（甚至连谷歌地图都没有）。但是我们通过努力，追求到的结果
和现在的同行别无二致。尽管相关技术和沟通方式已经发生了翻天
覆地的变化，但是我们培养关系的目标仍然是一个人——一个必须
做出决定的人。对方是否选择与你做生意，最终取决于你是否能让
他们感到舒服，以及他们对你的信任达到何种程度。不管是通过什
么媒介，是我们今天使用的工具还是下一代人 20 年后使用的工具，
社交背后的意图始终是最重要的。你定期与客户联系，让对方知道：
我把你视为有血有肉的人；我是真诚地关心你，想和你建立关系。
没错，我是想和你做生意，但是除此之外，我更把你看作一个人、
一位朋友。

创建一个系统

日常联系的方法有无数种。阿伦斯-米尔提倡的是"10 次接触
规则"。这种沟通方法有很多种不同的版本，阿伦斯-米尔的版本只
是其中之一。在她的版本中，她会在自己丰富的人际关系资源中选
出 10 个人，通过电子邮件、领英、信件或电话与对方沟通。她住在
波士顿郊区，所以相比约人喝咖啡或开会，使用数字手段进行沟通

最为行之有效。挑选对你来说最为有效的方法或媒介：只要能够养成习惯，就可以在你的生活中播种重要的商业人际关系。如果将这一方法结构化，效果会更好，例如设定具体的时间，周五下午三点，并以此作为连接的起点。这种做法很快便会成为一种自动化习惯，让你收获数之不尽的好处。

保持简单，从小事开始

建立人际关系听起来是一项艰巨的任务，仿佛是在跑一场马拉松。实际上，你并不需要为之备感压力。同时与三个人共进早餐听起来非常容易，对吗？让你邀请的客人顺便邀请他们的朋友，避免你自己跑腿。这样，人际关系便会自然而然地建立起来，从两个人互相认识，迅速发展到四个人彼此熟识。在下一次聚会的时候，再让参加聚会的四个人每人带一个同事来。你看，现在你的圈子已经拓展到八个人了，而你扩宽人际关系的途径也在呈指数式增长。

如果这个方法对你不起作用，其他建议或方法效果可能更好，没问题。因为我发现大家常犯的另外一个主要错误就是固执地坚持"应该做什么"。无论是常规会议、交流会还是聚会，有时我们觉得我们必须去参加这些活动，否则就会错过机会。阿伦斯-米尔用约会来打了个比方：你错过了某个活动，你会想"天啊，我错过了那个人。"你可能觉得自己错过了能给自己提供工作机会的完美雇主或者能让自己致富、出名的联合创始人。她觉得大家常常对这类活动寄予厚望，承担了过多的压力，最终导致一种进退两难的局面：如果你不去，你会感到忐忑、焦虑；如果你去了，但没有见到你想见的人，你依旧会感到沮丧，因为你觉得浪费了时间。

为了避免这种情况，她给出了自己的建议。你需要看看自己的日程安排：哪三次或四次会议、晚餐或破冰聚会值得参加？这些就是你需要重复参与的活动。你可以试着想一想这些活动可以如何推动你的生活向前发展，这样你去参加活动也有了充足的理由。你不必让自己疲于奔波，参加各种活动，尝试各种方法与他人建立关系，你只须找到有效的活动并坚持下去就可以了。如果你还年轻，事业方面刚刚起步，可能老板总是向你强调"建立人际关系"的重要性，甚至还会为你提供门票，让你参加各种活动。但是，你要尽可能地提高鉴别能力。因为，当你同意参加某个聚会或活动的时候，其实相当于拒绝了其他活动。如果你梦寐以求的合伙人或客户参加的恰好是你拒绝的活动，又该怎么办？

第三章

地点，地点，还是地点

在人生的不同阶段，你肯定会前往新的地点开展业务。无论你是在不同的行业开始新的事业，还是将自己的公司迁至新的城市或调整业务中心，知道在新的或不同的环境中如何巧妙地、艺术性地建立人际关系，都会让你无往不利，受益无穷。

遇到"新"的层面，无论是完全陌生的城市、新的行业，还是面对不同的工作方式，其根本问题都可以归结为如何在新的城市、新的领域或新的经济环境中建立人际关系。如果你连应该去哪里才能喝到味道醇美的咖啡都不知道，建立人际关系更是无从谈起！也许你会觉得自己仿佛是《绿野仙踪》中空降到奥兹国的桃乐丝，一想到从零开始，总是会感到畏惧。我的许多客户也会因为自己在新的地方、新的领域缺乏人际资源而感到有心无力，他们没有看到，这其实代表着有重新开始或迎来重大转折的可能。实际上，你所掌握的资源远比你想象的要多。

即便你并非前往新的工作地点或进入新的行业，你也容易变得孤立无援。全球女性合作中心 Luminary 的创始人凯特·卢齐奥

（Cate Luzio）致力于推动女性的职业发展和人际关系的拓展，并乐于帮助同样热衷于相关事业的女性。卢齐奥意识到女性需要物理空间和数字空间来满足她们学习、发展、协同工作以及个人健康等需求，于是创办了 Luminary。她指出，即便你在社交生活中不是"孤家寡人"，也没有经历重要的迁移，依旧很容易变得孤立。她说，"随着数字化的普及，我们已经忘了如何建立人际关系。"

卢齐奥认为，从某种角度讲，数字生活让我们彼此疏远：我们点击领英或在 Facebook 上添加好友，觉得我们已经"建立了关系"，实际并非如此。要想真正建立关系，卢齐奥给出了非常明智的建议，她希望我们问问自己，"如何才能做到纯粹为了建立人际关系而建立人际关系，而非出于生意需要？"首先你要同周围的人建立纯粹的关系——不要去考虑他们的背景和经历。卢齐奥补充道："当你真正这么做的时候，你可以收获知识、激励他人、引入不同视角，从而既能够丰富思想，也能了解更多的人。"

积极参加志愿者工作

卢齐奥建议，想要走出"功利性"思维模式，培养以价值为基础的人际关系，方法之一就是成为需要你帮助的组织的志愿者。参与当地社区的活动，能够让你认识周围的人们，了解如何能以最有意义的方式贡献你的技能，让你在新的环境中建立起自己的根基。参与当地生活的方式多种多样，你可以加入社区组织；在共享工作空间工作；参加专业培训；选择个人发展课程、娱乐工作坊或正式的课程；也可以加入当地的艺术协会。通过各种不同的方式接触当地社区，从你最感兴趣的一两个组织开始，在短时间内，你将层层递进地建立起各种重要的关系。

志愿者服务也是公司吸引员工并帮助他们建立新关系和获得新技能的绝佳方式。随着科技的发展，越来越多的工作转向数字化和远程办公模式。许多雇员感到孤独，人际关系匮乏。在这种情况下，围绕一个共同的服务目标建立人际关系往往是自然而然的事情：公司里的所有人会团结在一起，彼此照应，推进公司的发展；公司、社区和团队围绕一个共同的服务目标携手合作，为社区中最需要帮助的人提供服务。员工愿意以志愿者的身份一起工作，可以大大缓和孤立感带来的冲击，并可以从给予帮助和建立关系中获得快乐。此外，员工向有需要的组织提供志愿者服务、提供技能支持，往往可以让他们自身也受益良多。

如果你效力的公司现在还没有一起外出服务过，请与公司人力资源部门的主管或首席执行官沟通，敦促他们设立一个此类项目。公司可以设立志愿服务项目，让员工可以在提供技能服务，并能凭志愿服务的工作时长获得带薪休假。规模较大或拥有较多相关资源的公司和组织可能在这方面会更加积极，对于小型企业来说，鼓励员工参与此类活动同样富有成效。公司可能会担心员工浪费时间和精力，但真实情况是，员工参与志愿服务后生产力更高，在工作中获得的满足感也更强。

作为企业，给员工提供这样的机会可以培养员工对于工作地社区的归属感，这对于企业的长期发展来说至关重要。此外，志愿者工作还能提升员工的收入，或者帮助人们在中断工作一段时间之后也能更快速地恢复工作状态——例如在生孩子之后或失业再就业时。研究表明，在公司或组织号召下进行志愿服务不仅能在同事之间建立关系，还能使员工更快乐、更健康，并降低离职率。2016 年，德勤公司（Deloitte）发布的《志愿服务影响力报告》显示，92% 的受访企业人力资源主管认同，为非营利组织贡献业务技能和专业知识，是提高员工领导力和专业技能的有效途径。

相关研究还表明，在人际关系之中，彼此的联系和接触的机会越多，关系会越密切。这一观点非常有道理，如果你只是白天与同事同处一室，你们的关系将仅限于此，不会有深层次的发展。但是，如果你们一起完成项目、一同进餐，或者合作完成社区项目，一起为你们居住地周围的人们提供服务，你们会有更多的碰撞点并发展出更深层次的关系。你们会因此更加快乐，在共同开展的工作中更加投入。

有人可能会说："没有时间做志愿者，我太忙了！"其实，你会惊讶地发现，参加志愿服务并不会让你觉得自己的时间被占用。顶级心理学期刊《心理科学》刊载了一项研究，指出虽然每天的时间长度是不会改变的（无论怎么分，总时间都是 24 个小时），但是增加所谓时间富裕感或改变你对自己有多少时间的感知是可行的。这项研究发现，将部分时间花在别人身上，比如成为一名志愿者，为他人提供帮助，可以提升一个人的时间富裕感。这是因为，服务他人让你感到你的自我效能和自我价值得到了提升，满足感和成就感增加，使你觉得自己能够在更短的时间内完成更多的工作。通俗来讲，这类活动提升了你在固定时间内完成更多任务的信心和掌控感。

下次，当你觉得无法全身心地投入工作，或者感到自己时间总是不够用时，不妨考虑一下参加志愿者工作。

去共享办公空间办公，即便是在线空间也可以

如果你想在新的城市开展业务，加入当地的共享工作室或协同工作群体，是让你迅速融入当地的绝佳办法，而且可以提升你的生产力，甚至让你感到更加幸福。共享工作空间不仅可以让你获得本地视角，同时也能让你接触到当地各种不同兴趣或目的的团体。你很可能会在那里找到与你志趣相投的人，或者了解有不同经历的人。

在过去的十几年里，共享工作空间的会员人数急剧上升。2020年，全球共享工作空间的会员人数达到约 380 万人，出现了许多虚拟社区和实体空间。共享工作空间为独立工作或远程工作的人提供了一种办公方案，使他们也能够拥有属于自己的社区，社区的稳定不会受到出差或搬迁的影响。此类办公地点也重新定义了办公空间，彻底消除了人们对于共享工作场所应该局限于某个特定城市或行业的成见。在这些办公空间中，来自不同行业的人可以相互交流，彼此启发。

2017 年《哈佛商业评论》刊文指出，共享办公空间的实质其实并非"空间"本身，而是参与其中的人。诸多研究已经证明，如果没有稳定的社区和人际关系的支持，远程办公的人们会感到孤独和寂寞，"零工经济"的兴起也是推动当今职场人寂寞感增加的重要因素，但是，共享工作空间和相关的社区无疑是一剂解药。《哈佛商业评论》的研究表明，79% 的共享空间会员认为，成为会员拓展了他

们的人际关系。83% 的会员表示自己的寂寞感降低。更有高达 89%
的会员表示自己比以前更加快乐。研究还发现，共享工作空间的会
员在工作中表现优异的可能性更高。

本章我们会采访一些共享办公空间的创始人，他们的想法极具
开创性，我希望这些共享办公空间的创业故事不仅能够让你了解如
何建立一个真实的社区，更能够启发你去寻找或创造自己的社区。

在这些共享式的、协作型的工作空间中，员工感到彼此相连，
受到支持，并且认为自己的工作具有意义。支持并资助员工在共享
办公空间注册会员，是公司为团队投资的一种方式，目的是让员工
们接触到多元化的思想、交换信息，让他们融入某个社区，使他们
可以在其中建立关系、实现自我发展。如果公司能帮员工达到这些
目标，显然这是一笔物超所值的投资。无论是高端的专属俱乐部，
还是免费的在线社区，每个人都能找到属于自己的共享办公群体。
相关的费用从每月 45 美元到每月 1 000 多美元不等，具体的金额取
决于共享空间的大小、组织的活动以及活动所在地点。

加入共享空间的社区可以认识更多的人，提升自己对产品和业
务的认知度，从而带来新的客户和收入。对于企业家和创业者们，
我强烈建议你们鼓励自己的员工积极加入一些有意义的社区、前往
聚会场所，这会使员工和公司都能从中受益。

无论你是加入了现实中的某个社区或网络上的数字社区，还是
自己计划创立一个此类空间，我希望你能先向自己提出这样一个问
题：这种社区是否具有包容性？是否已经做了足够的工作，使其可
以对每个人开放，特别是被边缘化的、无社会归属感的以及未被充
分代表的群体？如果不行，想一想你应该采取哪些措施改变这种状

况。如果无法实现这一目标，思考一下为什么你要加入或创立这样的社区，能否从更广泛的群体利益出发而采取正确做法。

艾米·纳尔逊（Amy Nelson）是 The Riveter 的创始人。The Riveter 是美国全国性的社区，实行会员制，它的社区、内容、资源和共享工作空间面向所有人开放。对纳尔逊来说，激发她创建 The Riveter 的是她本人怀孕。此前，纳尔逊在一家律师事务所担任诉讼律师，当时她正怀着她的第一个孩子，她热衷于社区事业，认为与自己公司的"职业母亲们"交流是一个好主意。她想象着与她们讨论如何应对孕期生活，休产假后的过渡生活，以及产后继续发展职业的技巧等。纳尔逊说，"我突然意识到，我的诉讼组里没有职业母亲——为什么我此前从未注意到这一点？"她还补充道："我的手机里有 17 个提供孕期指导的应用程序，可是那时我的宝宝只有草莓那么大，没有一个应用程序或者人能告诉我该如何告知老板我怀孕了，或者指导我如何驾驭人生的这段过渡时期。"

所以，她创建了 The Riveter——一个专为职场女性打造的社群，目标就是成为解决女性问题的先驱：推进大家就女性在职场中的地位这一话题展开讨论——承认女性是劳动力的主力，她们还致力于解决各种问题，她们需要属于自己的社群。

蒂法尼·杜芙是 The Cru 的创始人，她此前曾经四处寻找，但没有找到自己想要的社区，于是自己创建了一个社区。那时，她意识到大多数公司和组织只是出于商业原因关心他们的员工。但她希望能加入一个与商业无关的社区，一个认可性别之间存在差异的社区。为了满足这一需求，她创立了 The Cru，该平台为寻求加速职业和个人成长的女性提供帮助。加入 The Cru，你需要制定自己的目标，即你想在未来 12 个月内实现的目标，这个目标可以与你生活的任何方面相关。可以是升职，增加 500 个粉丝，或者减掉 10 磅体重等。杜芙认识到，人们感知幸福、健康和生活圆满的能力以及职业发展顺利程度，在很大程度上与一个人生活的其他方面及人生其他阶段发生的情况有着密切联系，对于女性而言更是如此。The Cru 利用技术手段解决问题，培养相关的人际关系。

The Cru 的工作机制是：平台收到用户申请后，后台系统算法根据用户的价值观、个性、人口统计学数据以及个人的目标，将用户与其所在城市的其他 9 名女性匹配。这种技术并不复杂，但是这种做法的核心理念是，与其强迫人们参加鸡尾酒会或晚宴、尴尬地向陌生人介绍自己，以及交换名片，不如用更为智能的算法进行匹配。The Cru 的另外一个非常独特之处在于，它的配对组合具有多样性。杜芙说：

> 我相信，如果能够与那些与你截然不同的人交流想法并进行合作，你会取得令人难以置信的成果。但遗憾的是，我们生活中交流的对象，大多数与我们看法一致或和我们处于同一个生态之中。

杜芙解释说，人类总是愿意与思维相似的人相处，所以即使你在一个多元化的工作场所工作，你与同事仍然没有很大的区别，因为你们从事相同的行业或具备相同的知识体系。因此，她着手创建 The Cru，希望刻意匹配来自不同行业、不同家庭结构或不同文化背景的女性，让她们走到一起。

杜芙说，"在我们的活动中，你可以听到会员相互提问。"提出的问题有："到目前为止，你尝试了哪些方法？""如果你直接索求你所需要的东西，会有什么后果？""你觉得你给这种情况带来的最为有利的条件是什么？"或者"你觉得需要谁的参与，能够解决这个问题？"杜芙指出，这些问题表明了组成 Cru 小组这样的合作型社区的优势，你可以打破此前始终原地踏步兜圈子或者在某一问题上陷入困境的情况。

她说，"有时候我们无法摆脱循环思维的禁锢，但是你希望促使自己的 Cru 小组的成员行动起来。"行动就是关键所在。

无论你参加的是 The Riveter、Luminary、The Cru 这样的共享办公空间，还是全球各地的其他各种共享办公空间，它们都可以用鼓舞人心的精神引导你，帮助你认识更多能够激励你采取行动的人，支持你朝着你的目标迈出坚实步伐。无论你是选择加入某个此类空间，还是逐渐建立自己的社区，行动起来，通过一次次约人喝咖啡或喝茶、一个一个地打电话行动起来，去参与或组织起你想要的群组吧！

加入在线社区、群组或聚会

虽然有的共享工作空间和社区的会员价格较高，但也有很多完全免费的在线小组和聚会，比如 The What。这是一份周报，其中推荐的内容极具参考价值，许多女性都积极参与其中，他们称自己的"常青读者"（无关年龄，指始终抱有好奇心和成长型思维的人）遍布全球。

The What 的创始人吉娜·佩尔（Gina Pell）和艾米·帕克（Amy Parker）都是连续创业者。The What 的创立堪称一项惊人壮举，她们成功地创建了一个没有挑衅、没有负面评论、没有诋毁诽谤且拥有 35 000 名女性会员的在线社区。佩尔认为，无论建立社群还是写营销文案，或者与另一个人建立关系，实现的途径都是用与朋友交谈的方式与对方交谈。她们正是以这种方式同 The What 社区中的女性对话，抱着好奇心，怀着温暖，充满亲和力地去探索对方的内心世界。所以她们建立的在线社群能给予成员极大的支持，而成员也积极参与，整个社群欣欣向荣。佩尔说，她和帕克创建这一社群的目的是希望能够让女性彼此之间建立联系，为女性提供信息，让女性深度参与此类社群。最初，她们仅有百余人的规模，成员也多是自己的朋友和少数忠实的读者，现在已经有 35 000 名女性加入进来。我们在这个群体中看到的友情、善良和支持，其实恰恰是佩尔和帕克之间关系的缩影。

佩尔表示，"我们是 20 年的老友，一同度过了许多快乐时光。我们会无条件地支持对方，绝对地信任对方。"她认为正是她和帕克对待彼此的方式影响了 The What 社群，所以大家彬彬有礼、善良温和、彼此支持、充满热情。社群成员有着极高的多样性：成员中既有家喻户晓的名人，也有生活方式与众不同的女性，比如来自尤凯亚附近伐木小镇的单亲母亲。

为了在你搬家或初到某地的时候与人建立新的人际关系，佩尔建议找到一个群组，即使是一个免费的群组，只要它吸引的人具有你想要具有的思维模式。对佩尔和帕克来说，这就是她们所谓的

"常青心态"——这个短语是佩尔创造的。这个社群常青读者是指对成长、学习、探索、合作、解决困难问题感兴趣且想寻找志同道合者的女性。她补充说："你不可能和每个人都合得来，这很正常。但积极主动地逐步发展你的人际关系，你最终总会找到能够帮助你解决问题的人。"如果继续寻找，你会遇到许多能够推动你不断向前的人。"但是如果只是待在家里，你永远不会遇到他们，"佩尔说，"仅凭自己的力量，绝对无法成功。"

吉娜·比安基尼（Gina Bianchini）也是一位连续创业者，她在过去10年一直致力于研究人们如何通过网络社区建立良好关系。她创立了Ning这家公司（该公司让人们可以创建自己的个人社交网络），并开发了名为Mightybell的协作型应用程序，借此激励人们每次迈出一小步，逐步完成目标。现在，比安基尼是Mighty Networks的创始人和首席执行官，该公司为其他公司的品牌提供全面的人际关系工具（如在线课程或会员网站）。公司可以使用Mighty Networks开办课程，组织策划小组（mastermind group），创建社区并收取相关费用。各家公司可以对提供的部分服务或全部服务收费。Mighty Networks的优势在于前述的操作都是以各个公司自己的品牌进行，即时可用，可以兼容所有社交平台，即Mighty Network把所有碎片式的社交平台整合在一起。

比安基尼告诉我，如果你的品牌或小型企业在不同的平台提供不同的业务或服务（比如课程或社区），这样培养的各种关系会彼此割裂（比如使用Facebook，与用户建立关系的是Facebook而非具体的企业）。让所有受众使用同一家平台，建立一个强有力的关系网络，Mighty Networks①可谓名副其实。这样做最大的好处就是，企业可以迅速获得反馈，从而可以根据反馈更迅速地进行创新。比安基尼向我做了进一步解释，她说自己公司在开发在线课程元素的时候也收集到了许多建议。

> 2015年年底、2016年年初，我们很多早期客户告诉我们，"你们为什么不直接建设自己的在线课程？"他们认为我们的平台非常好，但是目前没有办法直接在平台上学习在线课程。由于客户反复提及，所以我们在平台上设立了在线课程。但是，当我和其他以前开设过在线课程的企业主管交谈时，他们的开场白永远都是，"是这样，在线课程方面，我已经有10年经验，长期以来我都是从事建设和运营在线课程的工作……"这让我觉得运行在线课程有很高的门槛，我觉得自己凭目前的经验无法开展在线课程业务。但后来我意识到，建设在线课程并不需要一步完成，我可以先从小的部分做起，不断迭代。所以我从"策划小组"做起，提供给付费客户。结果超过500人报名参加，我们很快就收到了极好的反馈，知道哪些内容收效良好，以及缺失哪些内容。这样，我们充分了解了在特定时段大家需要哪些资源。反馈速度是如此之快，让我们可以先人一步做出改进。

---

① Mighty Networks 可被译为强大的关系网。——译者注

不要小瞧偶然建立的人际关系

有时，良好的关系是刻意行动的结晶，但有时，良好的关系纯属偶然甚至意外。移居新的城市、转入新的行业或任何需要重新建立人际关系的情况下，不要忽视在这一过程中建立的看似转瞬即逝的关系或无意之间建立的关系。在我的职业生涯中，许多富有成效且密切的关系都是我在参与虚拟或在线团体时建立的。如果在这些看似"随机"的关系中有所投入，必将硕果累累。在职业生涯的不同阶段，一定要留心这些关系，并且对其中可以发展成长期关系的关系保持开放态度。

这方面比较好的案例还是与阿伦斯-米尔有关。她告诉我们，她目前的业务就是建立在一次偶然建立的关系之上的。那时她在墨西哥出差兼度假，偶遇了 BlogHer（一个面向成年女性的网上社区）的创始人丽莎·斯通（Lisa Stone）。斯通和阿伦斯-米尔聊天时，告诉米尔她正在筹备一家名为 BlogHer 的新公司。"丽莎邀请我为BlogHer 投稿，这是我进入女性在线社区这一全新世界的推手。5 年之后，我也创建了自己的公司'女性在线（Women Online）'。"现在，阿伦斯-米尔仍然与自己在 BlogHer 工作时的原班人马合作，这些女性是最早开始创作博客的一批人，她们现在仍然在米尔的生活中占有重要位置。

阿伦斯-米尔的经历并不罕见。1973 年，社会学家马克·格兰诺维特（Mark Granovetter）随机选择了一些职场人士进行了一项研究，研究表明，人们在寻找新工作时，约有 82% 的人是通过偶尔或很少见的相识之人找到了工作。虽然在很多情况下，我们能结成深厚、重要的友谊，但为彼此的生活做出有意义的巨大贡献的人不一定非得是终生好友，甚至不一定要经常见面。生活中那些比较"松散"的关系相当重要，特别是你重视它们的时候。无论你们的关系是强还是弱，是 10 年只见过一面还是每周二都见面喝咖啡，对于你的社会结构来说，它们都非常重要。

当然，那些松散的关系或偶然建立的关系可以深化，但即便没有进一步的发展，它们也极具价值。那些你几乎不认识的领英上的联系人，或只是见面打招呼的邻居，或在会议上见过但几乎不记得的人，这些人就是社会心理学家所说的"桥接型资本"（bridging capital）。这些关系可以让你听到不同的声音，从而让你接触到新的点子、机会、经历，也很可能是新的职业。研究表明，此类较松散的人际关系覆盖范围越广，获得成功的可能性越高。研究还表明，拥有这种人际关系的人思想更开放，与自己社群的联系感更强，更容易为某项事业展开动员、得到支持。

Luminary 公司的凯特·卢齐奥指出，关系中任何一方收到来自对方的回报并不一定是即时的。在任何关系中，确实存在互利互惠，但是有的时候，人们倾向于这样想，"我必须表示同意，因为我不想表现出不礼貌"或者"我希望能够从这一关系中得到某些东西，但目前我还没有得到回报，所以我只能同意"。

互惠可以在一个月内实现，也可以在 7 年后实现。与此同时，你还需要对自己试图实现的目标持开放的态度，诚实地面对，即便对方是刚刚与你建立关系的人或是在业务往来中刚刚认识的人。卢齐奥说，"人们没有超能力感知你的目的——除非你说出来，否则人们绝不会知道。"她的建议是，如果你想加入董事会，那么请告诉大家，否则没有人会知道。如果你需要卖出更多的手镯，或者想要成为一名教练，或者让银行家给你更多的客户，无论你的目的是什么，都请开诚布公地说出来。"生意不会因为你是个好好先生而送上门来。你必须主动出击，寻找机会。为了发展业务，你需要建立真实的关系。"

遵循 S 型曲线

建立包含朋友和同事在内的关系网和任何其他事业一样，都是一个过程。可能你做到了我所描述的一切：参加当地的聚会，做志愿者，接触你认识的人，对于建立新的关系保持开放的态度，却依然在任何地方重新开始都感到费劲。如果你正在经历这样的过程，不要气馁，你所有的努力最终都会得到回报。实际上，有一个可视化的数学模型能够说明成长的整个过程，这里的"成长"可以是你培养人际关系的过程或新业务发展的历程，也可以是你学习任何新技能的过程。

S 型曲线这一概念，最初是 1962 年由伊恩·罗杰斯（Ian Rogers）推广的。这一概念的初衷是帮助我们理解一项创新如何迅速被人采纳或扩散开来。但是 WLJ Advisors 咨询公司首席执行官、"全球 50 大管理思想家"之一的惠特尼·约翰逊认识到，这一概念也可以帮助我们了解我们学习和成长的过程。惠特尼是数本畅销书的作者，他在《颠覆式成长》中介绍了这一概念。对于建立关系网络，S 型曲线也是非常出色的视觉模型，特别是当你需要在新的地方或新的领域重新开始的时候。它甚至可以告诉我们人际关系是如何发展的。

约翰逊提到，在你脑海中勾勒一下 S 型曲线的形状，较低一端看起来发展缓慢，指数级别的增长遥遥无期。随后，你会经历 S 型曲线陡然上升的部分，即飞速增长的状态，随后达到饱和状态，增长速度逐渐趋于缓和。每当你开始做一件事时，比如搬到一个新的城市，写一本书，开始一份新的工作，你就处于 S 型曲线的启动点。这时，增长也是存在的，只是它看起来真的极为缓慢。约翰逊把它描述为学习的睡莲叶：睡莲叶浮在水面，并不显眼，但是托载着整个荷花。等你进入曲线的陡峭部分时，你就会进入飞速增长期。

S 型曲线能够让我们明白，事情遭遇的困难并非难以被克服，而事情正经历非常轻松的阶段时，你也要努力为后面的困难做好准备。明白这个道理着实振奋人心。刚开始学会与人沟通的时候，你实际是正处于 S 型曲线的飞速增长期，感觉很好；但是无论你后来因何原因或以何种方式重新开始时，都要进入曲线开始时的缓慢、艰难阶段，在这段时期，你可能感到你谁也不认识，或者你为建立关系所做的努力并没有取得任何实在的成果，但最终你还是会获得成功。

接受不适，鼓起勇气

虽然有些人像我一样是天生的连接者，但我们没有人能够免于社交恐惧。**连接是一门艺术，但连接的过程中并非没有恐惧和不适。就像任何值得付出的事情一样，连接需要勇气。**

艾米·纳尔逊建议"让不舒服成为一种舒服的感觉。"建立职业关系也是一种技能，就像商业中的任何技能一样，从学习 Excel 快捷键到建立收入模型，再到向潜在客户进行推销，你练习得越多，应用起来就会越自如。

纳尔逊建议利用志愿者经历来练习建立职业关系。志愿者经历是一个承担风险的绝佳机会，比如向人们进行相关产品或服务的初次宣传，特别是当它是你关心的事业时。纳尔逊说，她通过担任志愿者学到了许多建立人际关系和社区建设的技能。她为政治候选人挨家敲门宣传，这给了她听到"不"的机会，并学会了：即使你 99% 的时间听到的是"不"，也不妨碍你最终可能听到一次"好的"，而这一个"好的"就够了，纳尔逊还说过以下一段话。

> 我遭遇了拒绝，我学会了如何应对陌生人。后来，所有这些关于拒绝的练习使筹集风险投资资金变得如此容易，因为我知道，大多数时候你会听到"不"，但总会有人说"好的"。

纳尔逊还建议，如果你有一个极度渴望的职位——一个你极度想为之工作的公司，那么你就应该和那个公司人力资源部门的人谈谈。例如，试着去找那个公司人力资源部门的员工，问问他们"需要怎么做，才能在 3~5 年内加入你们公司"，不要害怕，请直截了当地请求与对方建立关系，并找到能给你明确答案的人。纳尔逊还有一条建议值得我们牢记：**"我们必须做那些让我们害怕的事情。"** 我问她，她的勇气源自何处，她说，当她进入纽约大学的法学院时，她的脑海里回荡着一个质疑的声音：你配不上这个地方。她打电话把自己的想法告诉了父亲，她的父亲说："你配得上任何你想去的地方。"

"事实是，"她补充说，**"所有人都配得上他想去的任何地方。但是我们必须做出选择，然后努力踏入那片空间。你是唯一能做到这一点的人，没有人会为你做这件事，所以要勇敢地踏入你渴望到达的地方。"** 她还补充说，"虽然我们感到恐惧，但其实基本不会有人对你说：'你配不上这里。'阻碍你的恰恰是你自己，如果你能与过着你想要的生活的人或开创了你想开创的事业的人建立关系，或者在他们的社区中工作，那么你距离自己的目标就更近了一步。"

值得我们付出努力去做的事情往往不会十分简单，建立自己的"星群"更是如此。建立"星群"也需要迈出第一步，找到第一条路线，连接另一颗"星星"。当你成功的时候，一切都是值得的，回报也是丰厚的。

第四章

让在线聚会释放强大力量

现在，也许你已经掌握了"聚集"这个理念，而且对建立新的关系越来越有信心了；有了"我能提供怎样的帮助"这件工具，在人际交往中你也感到更加舒服。但一提到举行会议，你依然会担心"会议形式"和"会议地点"的问题。在过去，商务会议主要在两种情景中进行：一种是宴会（包括喝咖啡、午餐、酒会），一种是在会议室。那么现在呢？

即使是业务非常熟练的主管，在决定举办各种活动的地点时，可能依旧会颇感费神。是举行线上会议好呢？还是来个弹出式活动①？或是举办晚宴最好？一个人的肢体语言、到达会场的方式和时间、说话的语调口吻，以及他们如何对待你身边的人，特别是如何对待迎宾、服务员和咖啡师，可以让你更深入地了解对方。但是，并非每次会面都需要面对面进行。

科学研究表明，在某些情况下，面对面的谈话效果的确是无法超越的。但有时客观条件受限，迫使我们采用线上会议时，就需要

———————

① 指在独特的地点举办令人意想不到的暂时性活动。——译者注

我们思考：哪些会议确实有必要亲自参加，哪些会议在线举行也能取得同样效果？我认为，如果合理使用，在线聚会有时可以释放出更令人惊讶的强大力量。

高效利用每种会议形式

我一直远程经营着自己的咨询公司——麦克弗森战略咨询公司。我早就明白，在线会议和网络空间对任何企业的发展都具有重大意义。其意义远不止提供场地空间，更重要的是能建立良好的关系。

2019年，我的航空旅行里程达到了数十万英里[①]，从纽约到上海，到旧金山，再到其他地方，与各地的客户、合作伙伴和同事面对面沟通交流。但在 2020 年，线下会议几乎在一夜之间消失了，全世界都转向使用数字通信工具。开发这些工具的初衷是方便我们建立人际关系。在线上会议中，人性不会再被整洁干练的工作装或干脆利落的演讲所掩盖。全体员工会议的背景声中，狗叫声此起彼伏；求职面试时会突然有 5 岁的孩童出镜。工作和家庭之间的界限变得越来越模糊，因为在家工作已经成为一种默认的情况。使用数字手段进行联系不再是次要选择，有时甚至是唯一的选择。

虽然在许多情况下面对面联系更好，但作为商界人士，我们需要从虚拟会议和活动中开发出更多的价值。全球范围内的居家办公对于环境的影响也是显而易见的：笼罩在洛杉矶上空的烟雾消散不见了，威尼斯运河的河水变得更加清澈。全世界都按下了暂停键，

[①] 1 英里 =1.6093 千米。

静静地等待我们开始通勤，重回办公室，许多人都在思考：疫情结束之后，哪些会议依旧应该在线上召开？

在决定是在现实中见面还是在线上见面时，我们需要考虑见面的目的——是需要建立信任？还是需要提出要求？或者只是进行介绍？

线上会议是高效的，而且可以跨越不同的地理区域。点击"转发"仅需 2 秒，却能跨越遥远的地理距离，完全不需要穿戴整齐出门参加活动。通过视频聊天、帖文评论、祝贺留言以及分享文章等在线方式，你可以轻轻松松地逐渐建立起关系。所有这些数字化的沟通都会像"存款"一样存入你的人际关系"账户"，日积月累，就会成为一笔重要资本。虽然我们可以通过数字化的方式建立信任（特别是使用视频通信平台），但是虚拟会议并不那么令人满意或富有成效。例如在通过视频进行小组讨论的时候，与会者的面部表情不像面对面讨论时那么容易辨别，技术故障也时有发生，更不必说有时讨论会被令人尴尬的事情打断。

截至目前，面对面的聚会是最真实、最亲密、最具意义的。面对面聚会能够带来切实的联系和信任，仿佛有魔力一般催生纯粹的快乐，我永远不会推荐其他任何途径将其取而代之。科学已经证明了这一点：**在许多情况下，面对面会议是最为理想的，因为它建立信任的方式是数字化通信无法实现的。**

2015 年，《快公司》杂志刊载的一篇名字为"科学告诉你何时需要面对面交流"（*The Science of When You Need In-Person Communication*）的文章，文中分享了来自芝加哥大学和哈佛大学研究人员的成果。研究人员阐明了人们在面对面交流时为建立信任而采取的微小接触方式的重要性——握手、为对方开门、郑重地交换名片，或在会议结束时非常商务地拍拍对方手臂。虽然这些细小的接触看似微不足道，但是它们其实是相当有力而温暖的信号，让彼此感到相连。当有人轻拍你手臂的时候，你可能不会刻意地思考"嘿，我相信这个人"，但是，一种无言的关系已经建立。这样的交流方式，会让你的大脑做出积极反应。当你与人握手时，人与人之间的接触会点亮你大脑中的奖励中心，让你感到心情随之变好。研究人员还发现，谈判者彼此握手之时，谈判能达成更好的结果。注意：面对面交流使得你们更有可能达成合作协议或建立信任。而且从另一个角度讲，如果你飞越国境线，或者只是前往另外一个镇子，亲自与客户会面或参加活动，你牺牲的宝贵时间和精力本身就向对方传递了一个有力的信息：你们的关系非常重要。

无论是线上会议或端坐在会议室里，还是边走边谈或在餐厅斟上酒边喝边聊，我们都需要认可房间里的每个人，包括那些受雇来支持活动的人。每个人都应该得到关注、善意和体贴。面对面的会议也可以让你有机会认识主办方的其他人，或者向外地游客介绍你最喜欢的当地景点。从人际关系的角度来看，我发现当面会谈可以让对话更加流畅，有助于我们进行人际沟通。如果你需要建立信任或需要对方坦诚、专注，并且需要建立关系或加深联系，那么亲自会面是迄今为止最好的方式。

有些人没有意识到，通过网络与某人建立亲密关系也可以非常容易。多年来，我通过网络认识了许多人，我们后来成了亲密的朋友。我们从一开始就建立了良好的通信联系，但有的人直到三年后我才见到其本人。

凯蒂·罗斯曼（Katie Rosman）是《纽约时报》的一名记者，我是在社交媒体上认识她的。之后，我们开始通过给对方发短信和电子邮件保持联系。我们在 2019 年见面，相较此前的"社交媒体关系"，我们很快感到更加深刻的合拍感。我们的母亲都已去世，在失去母亲的悲伤共鸣中，我们结下了深厚友谊；我们理解对方。尽管我们最初结识是因为工作关系，但这并不妨碍我们分享彼此人性层面的感触——共同的痛苦。当然，我并非主张你在 Twitter 上向客户或同事倾诉自己的私事。但我坚信，亲密的关系、感情的脆弱之处和业务三者间存在交集。语言具有强大的力量，数字通信可以缩短物理空间上的距离，帮助我们建立融洽关系，并且为现实生活中二人见面后产生更加深刻的关系铺平道路。

如何让在线会议平台更具个性化

创业投资者、咨询师弗兰·豪泽（Fran Hauser）曾是时代公司（Time Inc.）时尚娱乐集团的数字化方向总裁，她同时也是慈善家和女性经商的倡导者。

豪泽说，在虚拟会议中，为了使会议更加个性化，参会人员联系更紧密，她建议在会议开始之初，跟进前一次通话时某人提到的情况，比如，"苏珊，客户推销开展得如何？"如果会议并非定期举行的经常性会议，可以迅速提问其他内容。比如，在对方居住的地方，是否发生了什么知名的事件，你可以就此展开提问。豪泽认为，无论我们身处何种位置，无论我们之间的业务关系属于哪种性质，我们都需要对方将我们放入视野之中，我们需要心理上的安全感，这一点极为重要。

2016年，谷歌进行了相关研究，尝试找到创造最佳团队的要素。他们想弄清楚：到底是什么让团队富有成效？在研究结果公布之前，人们觉得最好的团队必须拥有智慧超群的成员，或者团队成员能够临危不乱。但研究的结果并非如此。相反，研究发现，最有成效的团队是那些能够最大限度地创造心理安全感的团队。团队成员感到自己"被看到""被听到"的时候，他们会表现得更好。

线上的虚拟会议会让人有距离感，感到不够亲切，豪泽给出了非常有用的建议：先做好铺垫，让他们知道你在认真听他们发言。努力以某种方式让他们知道，他们有被看到和被听到。

以数字方式培养亲密关系

迈克尔·罗南（Michael Ronen）是一位对设计变革性、沉浸式体验感兴趣的创意总监，他希望通过数字手段在这个人与人空间距离越来越远的时代创造亲密关系。

Co-Reality Collective 这家组织将自己描述为"致力于发明下一阶段真实事物的自主分布式集体"，罗南与他们共同开发了一个虚拟聚会，观察是否能够在虚拟现实中培养亲密感和具有深度的关系。聚会的名字叫 The Bodyssey，即"人体内部的聚会"，以身体各个部位命名每个房间，并在每个房间举行不同的活动，活动主题与命名房间的身体部分有关。例如，在"耳朵"里举办的活动是音乐会；在"大脑"里举办的活动是理性对话；在"第三眼"里举办的是精神层面的体验活动。通过这个尝试，罗南和同事们有诸多发现。首先，他们发现在虚拟空间培养亲密关系是可以实现的。罗南称之为"数字亲密关系"，并将其定义为"即使双方身处不同的大洲，依旧可以产生直视对方灵魂的感觉"；其次，要想通过网络培植真正的亲密关系，特别是通过虚拟会议技术，小组的人数控制在 6 人是最佳选择。虽然在 The Bodyssey 中确实有人数更多的活动，比如音乐会和舞会，但是对于更加私密的分享和关系，活动人数为 6 人最为适宜。

罗南还发现，很多方法都可以被用于培养数字亲密关系。日常生活中，我们可以分享物理空间，或者说我们可以采用其他分享空间的方式。比如处于相同的空间状态（跟随相同的节拍起舞，或者进入水中——没错，待在浴缸里）；或者是处于类似的空间状态（比如一起赏月）；品尝相同的食物或饮料；使用相同或类似的服装、道具。在视频通话时，我们可以使用周围的物理空间营造共同的体验，这样可以促进关系的建立。如果由你主持视频会议，你可以要求你的每个团队成员都身处"会议室"，创造出共处一室的感觉。例如，你们可以使用相同的软件背景，或者你也可以仅仅要求大家在家里发挥创意，选择自己的"会议室"，随后分享自己是如何挑选场地的，这种方式也能够创造联系、建立友谊（或许还有几分幽默）。

当然，我并不是建议你在浴缸里举行下一次团队在线会议，但像 The Bodyssey 这样创造性地使用这些平台的聚会，揭示了当我们以数字方式进行人际交往时，有很大的空间供我们发挥创造力。我们精心设计、筹备在线聚会的过程中，也有很大的空间可以被用于培养亲密关系和建立深度联系。

利用好每次会议

一天只有 24 小时，无论如何分割这些时间，它们的总数不变。然而，我们大多数人都感到时间越来越少。特别是当你身为企业主，充分利用会议时间绝对是你应该优先考虑的事项。

无论你决定以网络话题标签的形式在线开会，还是在咖啡厅边喝边聊，都要提前做好准备，采取积极主动的措施，让谈话聚焦于相关话题并尽量简短。你可以不断地提醒自己，你想争取一个工作面试吗？你希望获得一个演讲的机会吗？你想让媒体评论你的新产品吗？如果会议成功，会有哪些成果？迫使自己回答与会议目标相关的问题（如果你不知道答案，那就问问自己，你为什么要召开此次会议）。在会议之前，做好情景规划，如果会议进展不顺利怎么办？如果谈话偏离了方向怎么办？你可以用什么方式引导会议回到富有成效的方向？当然，你不能在头几次会面就抱有机械、刻板的心态，期望建立有效关系。把最初会面看成学习的机会，把注意力放在对方身上，看看自己可以从他们身上学到什么。正如我父亲生前总说的那样：简短才是关键。

你要激起其他与会者的渴望。如果你为会议、推销或演讲安排了 45 分钟，你可以用 30 分钟宣讲材料，留下 15 分钟用来问答讨论。不要只是向听众"喷洒"信息，他们更想参与和互动，不管是在会议中还是在演讲过程中，都应为他们提供表现的机会。

我们与重要的客户进行重要会议时，总是轻视自己，常常会想“我只有一次机会”，但是生活并非如此，对吧？如果在谈话时，你内心的声音是：“我必须努力表现，给对方留下良好印象”，你就无法展现出真实的自我，而会展现出一个紧张、焦虑的自我。但是，如果你觉得自己是在培植一段长期关系，没有必要在45分钟内完成一切，你就不会紧张。你们有漫长的一生去培养长期的关系，去解决问题，去深入了解对方，去成事。

参与每一次“倾听之旅”

无论是线上活动还是线下活动，千万不要错过机会，要积极参与可以向他人学习的活动或会议。这就是“文艺复兴周末”（Renaissance Weekend）的执行董事艾莉森·盖莱斯（Alison Gelles）所说的“倾听之旅”。

“我喜欢参与‘倾听之旅’一类的活动，”她说，“深入了解他人，了解他们的工作、他们的需求，看看我能提供怎样的帮助。”一次倾听之旅就是抓住机会去参加活动，无论线下会议还是电话交流，在活动中，你唯一要做的就是认真倾听，向他人学习。事实上，这也是盖莱斯主办“文艺复兴周末”的关键信条之一。

该活动是由美国前驻英国大使菲利普·拉德（Philip Lader）及其夫人琳达·拉德（Linda Lader）于1981年创立的，旨在促进来自不同领域的创新领袖进行坦诚交流。它的创建是为了培养关系，建立联系，打破等级壁垒，帮助人们超越自己的日常工作领域，拓宽视野，消除分歧。

从本质上看来，"文艺复兴周末"迫使人们走出自己的安全区，接触与自己观点不一致的人，能够从一万英尺[①]的高空视角或不同的角度考虑全球问题。"这项活动本身，"盖莱斯说，"就是一门失传的艺术。"

"文艺复兴周末"的绝妙之处在于其包含不同年龄层、不同学科背景的参与者，包括政治家、教育家、小学教师、幼儿园教师、护士、护理人员。许多参与者带着年幼的孩子参加活动，从6岁的孩童到十几岁的少年都有，孩子们也是受邀而来的。整个周末的时间都经过了精心安排，围绕建立联系、相互学习展开，参与者往往会在活动中收获意料不到的关系与学习体验。

在"文艺复兴周末"活动中，你可能会听到天体物理学家谈论该领域的最新研究，可能会听到企业高管对浪漫与爱情的精辟见解，也可能会听到大学教授讨论如何应对家庭的悲剧。没有任何话题是谈论的禁忌——活动让每个人放下自我、自己的地位和头衔。以彼此平等为出发点建立关系，这是一件非常神奇的事情。大家都会直呼对方的名字，不必在乎对方是位高权重的企业高管还是年仅8岁的孩童，每个人都褪去一切外在修饰，以促进建立没有利益纠葛的关系。正如盖莱斯所说，"人们走到一起，关注他人的兴趣、愿望和爱好，从而亲如一家。"

"连接是一门失传的艺术"是我人生哲学的精髓，在我对这一观点进行提炼和阐述的时候，总是将"文艺复兴周末"的案例作为最

---

① 1英尺 = 0.3048米。

佳佐证案例。因为它说明了相似之人是如何走到一起的。在“文艺复兴周末”活动中，一位幼儿园教师可以在听完社会活动家发言之后，再去与区块链专家交流看法，而这位区块链专家刚刚得到了一位宇航员的指点……这就是非功利性社交应有的样子。每个参与对话的人都怀着共同且唯一的目的：倾听。我也衷心希望读者朋友能把这种精神带入自己的每一次会议、互动和沟通之中。

如果将沟通视作学习知识的途径，你的看法便会不同。以前你的眼中可能只有纯粹的金钱或销售配额的统计情况，现在你的视野更加广阔：眼前的活动或会议只是开场的引子，是大规模合作的跳板。如果你能克制住关注外在的冲动，只是以开放的心态倾听，就会产生神奇的效果——对方的“地位”和你自己的“地位”界限都将消散。即使你不参加像“文艺复兴周末”这样的活动，你也可以采用它的内在逻辑来改变你进行商业推广的方式。

认真倾听，不只是接收声音

比起使会议或谈话保持简短状态，更为重要的是：只要你在场，就要学会认真倾听，无论地点是在何处，即便是在电梯里也是如此。

虽然这是很浅显的道理，但是人们在倾听他人方面做得其实很糟糕。我们不仅不善于倾听，甚至对倾听缺乏兴趣。朱利安·特雷热（Julian Treasure）是声音和沟通领域的专家，他以帮助个人和组织更好地倾听为己任，希望能够创造更加健康有效的声音，包括演讲。

他的 5 次 TED 演讲观看人次超过 1 亿，其中"如何讲话才能让他人更愿意倾听"是最受欢迎的十大 TED 演讲之一。但是他关于"如何倾听"的 TED 演讲观看人次却只占总数的 10%（也就是说，我们希望别人倾听我们，却对倾听别人不感兴趣）。可能我们并不愿意倾听他人，但这是培养良好关系的关键。无论你是与他人面对面讨论风投项目，还是在网上倡导某个议题，你的倾听能力会极大地影响你建立关系的顺利程度。如果你能提高倾听能力，便能脱颖而出，因为人们渴望被倾听，他们会注意到你是否在听。

大多数人都会忽略一个关键的区别：倾听和接收声音不是一回事。接收声音与大脑中古老的爬虫脑有关——我是否听到了老虎的咆哮声？大脑接收声音的速度比接收图像的速度更快，但是接收声音与倾听是完全不同的事情。倾听是选择需要注意的信息，然后赋予它们意义的心理过程，倾听是一种技能。听说过选择性倾听吗，比如你让别人把垃圾倒掉，但是他们会说"我没听见！"事实上，所有的倾听都是有选择性的：面对相同的声源，我们留在脑海中的声音是不同的。一场会议有 500 个参会者，散会离场的时候大家可能对会议内容有各自的理解，每个人倾听到的内容都是独一无二的，就像自己的指纹。人类是通过一整套过滤系统来倾听，也就是说，我们会对听到的内容赋予不同的意义。考虑到这一点，倾听无疑会使沟通更加有效。如果你能顾及人们倾听的方式，无论听众是一个人还是 1 000 个人，你都不会错失沟通目标，而会正中靶心。同样，这个概念还与倾听听众和接收信息有关。

特雷热博士推荐了一套名为 RASA 的流程，帮助我们熟练地进行沟通。RASA 是指 Receive（接收）、Appreciate（肯定）、

Summarize（总结）、Ask（询问）。

"接收"阶段，你需要看着说话人，用你身体的每个部位表达自己在倾听对方。面向对方，接收他们说话的内容——不要在手机上打字，不要说话，不要发短信，也不要发Twitter。提醒自己，在那一刻，你唯一的任务就是接收对方说话的内容。无论是面对面还是在线，你都应端正自己作为"接收者"的位置。

"肯定"包括在听对方讲话过程中点头，给出表示肯定和专注的声音、手势或其他动作。

"总结"就像特雷热博士说的"关上对话走廊的大门"。如果你确认你们意见一致，可以说"这方面我们已经达成共识"或者"我的理解是……，没错吧"，以此来明确双方对此前沟通的内容已有相同的理解，这样你就可以为这部分的对话关上大门，然后继续下一个议题。

接下来是"询问"，如"为什么……""是什么……""如何……""……是谁""什么时候……""哪个……"或"请详谈……"等。如果对方觉得你没有认真听，或者他们无法切入对话，特雷热博士建议我们向对方提问，这样可以表现出自己的投入，比如这样的问题："哦，真的吗？请深入说说。"或者"你能就此详谈一下吗？"或者"太有趣了。"对方会因此而感到振奋，你也一样。这是另一个听起来显而易见的建议，有些不值得一提。但是，这就像"应该多吃健康的蔬菜而非高热量的薯条"的建议一样，道理我们都懂，却不会时时照做。

这可能是我们无法认真倾听的罪魁祸首之一，我们在一心多用的问题上总是显得贪得无厌。特雷热很赞同美国精神病学家斯科特·派克（Scott Peck）的一句话，"倾听与其他任何事情不可兼得"，而我们在生活中的经历却是，对方告诉你"是的，我在听"，然而他们却在刷着手机，吃着三明治，或者在你提问之后说："等等，我需要发一封邮件。"特雷热博士说，"倾听需要我们全神贯注。"遗憾的是，大多数人的做法只能算得上假性倾听或部分倾听。回想一下最近一次你"部分倾听"的商务会谈或会议，你错过了什么，重要的见地？至关重要的事实？一条关键线索？或者是可以避免将来犯错的知识？

下次，请做好接收者，而不是急着做出反应。

在会议中更好地倾听他人还有什么诀窍？特雷热博士认为，说话和听话之间的关系并非"我说，你听"这样的简单关系。相反，听和说是以一种动态的方式循环往复的。我说话的方式会影响你听的方式，你听的方式又会影响我说的方式，当然随后你说的方式也会受到影响。提升倾听能力是建立更深层次关系的最佳方式之一。倾听可以帮助我们建立更加深刻的关系，同时也是一种非常实用、可以提升的技巧，我们只须刻意地、有选择性地接收信息。

"倾听是通向理解的大门，"特雷热博士说，"如果你讲话的方式不对，便很难激发对方的兴趣。"提高倾听能力有非常简单的方法，就是练习静坐。当你坐着不动，保持安静时，你会听到一直以来因为分心而没有注意到的声音。

当然，在数字平台上做到倾听，比在线下会议中做到更具挑战性。在虚拟会议中，你可能除了关注同事或客户，还会时不时地关注一下自己的外表（我的牙齿里有菠菜吗）；你对会议的责任心更差：会偶尔低头发一条短信，或者会迅速查看一下电子邮件等。可能会议内容本身就不太吸引人，加上有无数逃避的机会被摆在触手可及的地方，再加上爱人、孩子不时地打扰，或者室友也在家办公……想做到有意识地倾听简直如同痴人说梦！但是你还是要负起责任来努力倾听，至少减少干扰注意力的情况，比如关好房门，把手机放在其他房间，把狗关入笼里，给可能会打扰到你的人写张字条，告诉他们你正在打电话，请勿打扰……以便能够全身心地投入，认真倾听。

进行对话：提醒自己进入接收和吸收的模式

进行对话有多难？互相交谈真的是人类需要"学习"的事情吗？塞莱斯特·赫莉（Celeste Headlee）是《同理心对话：增加说话深度的关键技巧》（*We Need to Talk：How to Have Conversations That Matter*）一书的作者。她在该书中说，如果我们张着嘴，根本无法学到任何东西。通常，当我们张嘴之时，都是在以各种形式谈论自己，"我这样，我那样"。即使我们认为自己在倾听，也并未完全投入，因为我们在考虑自己接下来应该说什么。

由于"在线会议疲劳"的现象，我们在进行视频通话的时候，倾听变得更加困难。被在线会议疲劳困扰的时候你会如何处理这个问题？首先，我们要清楚"在线会议疲劳"确实存在。心理学家表示，太多的视频会议会让我们精疲力竭，因为我们的大脑在处理视频的时候需要更加努力地运转。我们可能看不到语言之外的信息，我们会盯着自己的面部，我们会担心会议中途被打断（遇到被狗或孩子打扰、屏幕卡住、音频质量差等各种问题）。我们无法感受到面对面会谈提供的友好而令人兴奋的氛围：走入会议室，在会议正式开始之前友好地寒暄闲聊，私下讨论，能够让人感到温度的面部表情还有令人愉快的传统握手。

此外，在面对面的会议中，没有发言或演示的时候，你不会成为大家关注的焦点，但是在在线会议中，你自始至终都处于"舞台之上"，这也会加剧你的表现焦虑。面对这样的情况，由于感官处于超负荷状态，倾听变得更加困难。《高效能人士的七个习惯》（7 *Habits of Highly Effective People*）一书的作者史蒂芬·柯维（Stephen Covey）在他的书中提到："我们大多数人都不是以理解为目的去听，我们倾听的目的是给出回答。"无论在线下会议还是在视频通话之中，解决这个问题的方法都非常简单：将自己抽离出来（在线上，你可以隐藏自己的头像）。我常常通过重复自己的座右铭来实现认真倾听：我能提供怎样的帮助？我确实以此为目的在听的时候，对话便会自然而然地进行。因为我不再关注我应该做出怎样的回应。我开始努力寻找自己应该提供怎样的帮助，我是在认真倾听，寻找交往的模式，寻找能够组成自己"星群"的人选。

因此，开展良好对话的关键与特雷热博士谈到的关于倾听的内容是吻合的。我知道道理易懂，行动困难，因为我们自己总会妨碍自己的行动。但是，如果你不断提醒自己进入接收和吸收的模式，通过练习，倾听就会变得更加容易。

提升“关系能”

你是否有过这样的感觉：有些人像喷泉一样激发着你的能量，而另外一些人则像排水管一样吸走你的能量？

在现实生活中，当你与同事一起开会的时候，当你和同事一同办公的时候，留意你能从对方那里获得的能量或对方令你消耗的能量。这种人际交往中的能量被称为“关系能”（relational energy）。关系能是你获得的正能量方面的提升（生产力激增，能力感增强），这是你与对方互动的结果，拥有良好的关系能够促进生产力的提升。研究表明，此类能量可以提高他人的积极性和能量。也就是说，它可以感染他人！研究还表明，关系能可以提高复原力、思维力、创造力和生产力。好消息是，关系能与倾听一样，是可以磨炼和培养的技能。正如维恩·贝克（Wayne Baker）在《哈佛商业评论》撰文指出的那样，直到最近，大家依旧忽略了同事关系是一种能量的来源。他与同事布拉德利·欧文斯（Bradley Owens）、达纳·森普特（Dana Sumpter）和金·卡梅伦（Kim Cameron）进行了相关研究，结果表明，我们与同事和客户的关系会影响我们个人的能量水平。

我们在工作的时候，处理和分析信息、深入思考，都需要能量。注意你交往的人，以及他们正如何影响着你的能量。你是否感到深受他们的启发？或者你觉得会议之后步伐沉重？也可以看看你如何影响了别人的能量，如你的听众看起来是兴奋还是疲惫？

贝克和他的同事在研究中发现，有四种不同的互动方式可以使人充满活力：创造积极的愿景；为对话做出有意义的贡献；聚焦当下，全神贯注；以及彼此的互动令人觉得有所成就、有了希望。如果你想起了那些曾给你带来正能量和动力的导师、同事和朋友，我猜你与他们的互动交流肯定体现了上述互动方式之一或全部。同理，你可以通过努力创造鼓舞人心的愿景，为对话注入价值与意义，积极倾听对方的讲话，以及在合作进行的任何工作上取得进展，从而成为他人正能量的来源。这种方式对于你的团队、公司其他同事以及任何经常见面的人来说都是适用的。

不要自我孤立

无论你想讨论什么问题，慈善事业、粮食安全问题、环境可持续发展，或者其他话题，都可以通过将人们聚集在一起，创建讨论问题所必需的社区来解决。世界上有许多具有挑战性的问题，如果你有强烈的愿望解决其中之一（我希望你有），那就着手召集解决问题需要的人选，使之成为现实，这样不仅能让大家感到"关系能"，更能给予你自己一些回馈。

我在推特上每两周举行一次的"企业社会责任午餐聊天"系列活动就是一个很好的例子。自2010年到2018年，这个活动把人们聚集在一起，推动了更大规模活动的诞生，真正有助于为"企业社会责任"这个新生领域带来活力。这个领域本来就是全球性的话题，更适合被放在不受个别人左右的大型会议上讨论，而不适合在其他场合进行面对面的会谈。来自全球各地的人们都在试图单枪匹马地解决问题，彼此之间缺乏联系。于是，我决定创立两周开展一次的"企业社会责任"午餐聊天，为大家提供一个平台，就共同面临的挑战进行分享和相互学习。

今天，你可以用无数种形式在各大平台上开展同样的活动。通过此类活动，我与很多人建立了持久的关系，并且至今仍然与其中许多人合作。不要以为，如果你直接给别人发送私信说"嘿，我想和你讨论这个问题"，别人会觉得你是个疯子。如果他们对于你想讨论的话题与你一样热情满怀，他们绝不会觉得你疯了。他们会钦佩你的毅力，钦佩你主动将大家聚在一起。这就像聚会的时候你去找一个独自站着的人攀谈，这么做可能会让你感到恐惧，但是很有可能那个人也会因为你的到来而松一口气。我们倾向于认为其他人都已"建成"自己的人际关系，无须建立新的人际关系，然而事实却恰恰相反，即便是最有名的运动员或功成名就的首席执行官们，在社交场合也会感到紧张或没有安全感。

做真实的自己

我喜欢在现实生活中认识人，但是有些人并非如此。当然，这没问题，我认识许多颇有成就的人也不大喜欢社交，最重要的一点是要做自己。

> 有人曾对我说："天呐，在网上的你如此真实。"
>
> 我想，"好吧，我还会是谁呢？"
>
> 另外一个人曾经说，"哇，你比我想象中娇小不少。"
>
> 我的反应是，"难道你以为我的个头有角马那么大吗？"
>
> "不是这个意思，"她说，"但是你展现出的个性让人觉

得你人高马大。"

其实，我们可以身材娇小，但同时有"硕大的"人格！

确实，我们在社交媒体上投射出的某种人物形象，就像社交媒体的头像一样，并不能准确反映我们到底是怎么样的人，包括职业以及性格等。我们不必分享自己生活中的所有私密细节，这需要根据自己的判断和常识做出决定。但是千万不要犹豫，要忠于自己的身份，不要把自己伪装成他人。你需要开诚布公地与他人交流，告诉对方：我想认识你。我一直都是这样做的，大多数人都能接受。

安·肖克特（Ann Shoket）是时尚杂志《17 岁》（Seventeen）的前任主编，我曾问她该如何建立重要的商业关系，她告诉我，她永远不会忘记我最初与她接触的方式，那时的我直截了当地说："我很想认识你。"她说道，"我那时觉得很新鲜，以前我从未遇到有人这样做，没有人会直接说'我想认识你。我不知道咱们的关系会如何发展，也不知道我们能为彼此做些什么，不过咱们先喝杯咖啡吧。'"现在，我和肖克特已经是挚友。当然，我们不可能有机会接触到所有人，然后与成千上万的人喝咖啡（你也不应该这样，记住，我们的目标是把大家聚在一起，形成一个"星群"，而不是一个随机选取的"星星"的组合）。但是，当直觉或激情让你有勇气去认识对方时——我很好奇那个人的生活到底是什么样子，我想知道如果我是他，那会怎样——在这种情况下，你可以邀请对方喝茶或喝咖啡，然后继续寻找答案。

总结：有效联系"星群"的 4 种方式

随着你的人际"星群"人数不断增加，你可以慢慢总结自己的诀窍，知道在哪种情况下，对特定的联系人使用哪种交流方式（面对面、即时通信软件、电话或传统邮件）是最佳选择。下面有一些建议可供参考，你可以据此衡量或决定具体哪种情况应对应采取哪种方式。

面对面。只要有可能，最好是在现实中与某人展开第一次交流。微笑、感应、眼神、新建立的亲密关系所带来的快乐氛围，这些微妙的东西几乎不可能在网上被复制。如果你需要进行一次重要的谈判或讨论，或者如果你正在面试一份工作，亲自到场是最好的，这样可以避免网络上尴尬的暂停通话或错误理解。

视频通话。如果是演讲（不需要太多讨论），或者已经与客户或合作伙伴建立关系，只是需要向他们汇报最新情况，或者因为距离过远、旅行不便或成本太高等原因无法面谈，此时采用视频通话召开会议效果最好。视频通话对于难以经常聚在一起的人举行小型聚会来说，也是一个理想选择。也许你在伦敦，而其他与会者分布在美国东西海岸，一个视频通话就能跨越 9 小时的时差！

电话。电话适合被用来与客户和同事进行定期沟通，特别是如果你们之间距离遥远。尽管人们现在倾向于避免通过电话进行联系，但是如果你们之前当面或通过视频见过，那么电话联系依旧不失为一种完美的沟通方式。

传统邮件。使用传统的邮件与老熟人重新联系。给很久以前帮助过你的导师发一封感谢信。给你崇拜的老同事或大学教授寄一封信询问近况。对于刚刚建立的业务关系，你可以利用传统邮件表达自己的感激之情：感谢您的工作推荐，感谢您查看我的简历——正如我所说的，手头随时备几张邮票，当下次你想与某人联系时，可以考虑用一封简短的信件替代短信或电子邮件。

第五章

打造“星群”，以使命鼓舞人心

我认为人际交往就像视频创作或广告设计里的故事板，情节会不断向前发展、推进。我们建立的关系不是暂时的，也不局限于特定的项目或开创性事业，因为你永远不知道未来会发生什么。

每个人都是更大愿景的一部分：这个更大的愿景可以是为你服务，为其他人服务，解决全球性的问题等。希望你对于用“星群”来比喻聚在一起的人们已经有所理解，也知道如何应用这个理念来培养人际关系。在我们的职业生涯乃至一生中，都会享受到协同效应的益处，也可以欣赏到其他人之间的协同效应。例如，我们建立人际关系的理想对象绝对不是通过思考“我在市场营销方面认识谁”得到的，而是通过思考“我认识的人里面谁乐于帮助别人”或者“我认识的人中谁关心我的工作、关心我试图实现的具体任务或目标”得到的。选择的关键在于，不要因为对方的职称、职业经历甚至是所处的地理位置而限制自己的选择，你需要专注于自己的使命和总体目标。

你需要思考的问题，不应该是你应如何建立社区和关系，而是你应该专注于哪些社区和关系？你应该加入哪些社区，放弃哪些社区？哪些社区目前尚不存在？你是否应该建立该社区？或者让别人来管理？这样，你就无须担忧能否找到理想的投融资人，或者如何建立完美的人际关系。拥有正确的心态可以让你专注寻找关心你的使命和价值观的对象。这样，你不仅能够想出各种具有创造性的方法，还可以通过他人间接地找到更多人际关系网络中的理想目标。我们现在已经知道自己现有人际关系在各个方面的价值，为什么不利用起来呢？通过"分离度"（degrees of separation）拓展人际关系是可行的，当你的使命和目的鼓舞人心时，大家便会主动加入。

提升目标层次

设立、规划一个崇高而鼓舞人心的目标或愿景，有助于你思考自己想要创建怎样的"星群"。不要仅仅关注细小的短期事务，比如找到一份工作，获得一个新的合作伙伴，学习一个与工作相关的新技能等；你需要考虑的是自己最远大的目标。比如，你的近期目标是得到募资行业的初级职位，但如果你把自己的目标提升为，我想消除世界上的饥饿问题，那么新的目标不仅可以在日常工作中激励到你，更有利于帮助你建立更重要的关系，有利于你的长期发展。

"提升目标层次"正是保罗·范泽尔（Paul van Zyl）创立的俱乐部所专注的事业，他们为致力于通过创造力和创业精神来改善世界的人提供了一个家园。范泽尔的组织解决的基本问题是：如何创建一个永久的社区，人们在社区中可以互相帮助，用创业的办法来解决重大问题。范泽尔意识到，这些不定期举办的聚会虽然非常有影响力，但它们带来的，有时候只是满满一口袋的名片和无法被兑现的“经常见面”的承诺。而他创立俱乐部的目的是建立更加一致的生态系统，在这里，与范泽尔志同道合的人们可以利用社区拥有的资源，包括投资者、品牌专家以及供应链资源等，所有这些也都将服务于更加远大的目标。人们无论是关心供应链道德问题，关心经济发展中人们的就业情况，还是关心离网太阳能或妇女赋权问题，在这里，他们都有了属于自己的活动中心。

范泽尔并不纠结于他自己想解决的细小问题和业务问题，他希望承担崇高的使命，设定远大的目标，创造一个社区、一个活动中心，人们聚集于此，为了更大的利益完成大量有影响力的工作。无论你从事哪个行业——业务开发、销售、募资、技术或其他任何行业，你总有机会把自己的目标提升到全新的高度，服务于更高的利益。

即便你没有能力像范泽尔那样创建社区，甚至对此毫无兴趣，你依然可以进行类似的思考，搞清楚你的“星群”中需要以及必须拥有哪些人。不要以“找一份公共关系方面的工作”为目标，你应该以“用沟通和媒体来消除性别偏见”或者解决任何对你来说非常重要的问题为目标。当你的关注重心从采取何种策略转移到如何激励人心，你就会建立起能够为个人和职业发展提供动力的“星群”。

如果你是女性，你需要两套人际关系

无论是育儿压力还是家庭责任方面的负担，与男性相比，以上这些都是女性在职场中面临的额外挑战。女性常常觉得她们只能与其他女性谈论这些特殊的问题。因此，创造一个全部由女性组成的独立关系网络让她们获得彼此的支持是至关重要的。

事实上，《哈佛商业评论》的研究揭示了为什么女性需要两个相互独立的关系网络——一个包括男性，另一个则只有女性。在包含男性的关系网络中，女性可以学会如何在职场进步，可以听取男性导师的意见；在只包含女性的关系网络中，特别是由 2~4 名女性组成的私密圈子，女性可以将之当作一个论坛，谈论那些不便与男人分享的话题，例如男性无视她们发言的问题。《哈佛商业评论》的研究还发现，女性需要有人与她们产生共鸣，也需要有能力在共鸣的基础上与对方进行思想交流。研究还表明，女性需要看到其他女性走上领导岗位的奋斗历程，以此来了解自己怎样实现这一目标。

詹妮弗·达席尔瓦（Jennifer DaSilva）是创意机构柏林卡梅伦（Berlin Cameron）的总裁。过去 15 年，她一直在管理着重要客户，如可口可乐、喜力啤酒、雷克萨斯和美国第一资本金融公司等。她读到有关研究，发现了只有女性的人际关系网络所蕴含的力量，以及当女性看到其他女性展现的力量时可以迅速提升自身的表现，这些知识让她深受启发。她认为可以借此机会创造条件让相互熟识的女性组成"星群"，并将其命名为"连接 4 位女性"（Connect4Women），达席尔瓦希望创建这样一个女性社区，让她们体验这种效果。在 2019 年 3 月（3 月是美国妇女历史月），达席尔瓦设定了一个目标，每天让 4 名女性互相认识，希望她们能建立持久的关系并展开合作。其他女性受到启发并加入其中。该项活动随后被称为 Connect4Women，她们的社区向全球开放。达席尔瓦在 2019 年亲自连接了 500 多名女性，收获了无数的伙伴关系、商业交易机会、新工作和友谊。这成了达席尔瓦快乐的源泉，此前她从未料到，大家对建立人际关系和建立社区的需求会如此迫切。

　　WIE 是一个属于女性领导者的关系网络和平台，它采取会员制，极具影响力。它的存在也证明了女性关系网络所蕴含的巨大力量。WIE 的创始人兼首席执行官迪·波库是一名热衷于妇女运动的企业家。WIE 的前身是于 2010 年开始举办的 WIE 研讨会，这也是早期的现代女性会议之一，举办该研讨会的初衷之一就是解决传统商业论坛内容单一的问题。WIE 为会员提供职场发展所需的社区和工具支持，同时也助力品牌和企业进行文化建设。WIE 吸引了众多商业和文化领袖参加其全球性聚会。最初，WIE 的使命是让商界最有影响力的女性聚在一起，现在它已经有了一个更加直白明了的目标，即聚焦女性和她们的职业，以及她们如何能够相互学习。而这一切又回到了帮助女性感到自己正受到关注这一使命之上。波库说，

　　　　"如果你让一个人感到他受到了关注，会有奇迹般的效果。他们是谁并不重要，他们可以是世界上最成功的人，也可以只是初级实习生。如果你让人们感到自己受到关注了，他们甚至会为你跳进湍急的河流。"

　　对于 WIE 和其他许多具有影响力的组织网络来说，社区的力量

并不在于这些女性拥有的职务头衔、财富或公司，而在于真实的人性的力量，在于愿意照亮彼此的力量，在于为提供途径让参与者展示自我、受到他人关注而付出的努力，这也是"星群"效应起到的作用。当女性以这样的方式走到一起——拥有由积极支持者组成的"星群"——她们不仅可以与其他女性一起孕育新的想法，解决具有挑战性的问题，而且可以通过她们自身的领导力，向其他女性展现自己的力量，供其他女性效仿，促使其他女性进步与成长。

提炼故事，明确"星群"使命

要想与他人建立牢固的关系，首先要打好基础，弄清楚你们之间最契合的地方在哪。聪明之举是你要对自己的故事和情况（你具备何种技能，你有怎样的目标）了如指掌。因为一旦你与他人建立了关系，比如联系到你的理想客户或合作伙伴，你更需要做好准备，充分利用这段关系。达席尔瓦说，要做到这一点，你需要讲好自己的故事。

你的故事应该是你身上呼之欲出的内容。如果你能让别人像你自己一样对你的故事充满热情，那么你就完成了人际交往中的大部分工作。如果你能大胆地提升自己使命的层次，人们会更愿意与你同行。

范泽尔的俱乐部在让人们提升使命的层次方面，取得了良好成绩。他创建社区，召集大家围绕内容、会议、解决方案和资本等方面进行合作。当你能够明晰自己的使命和目标，有目的性地建立社区，那么这样的社区就是可靠的。俱乐部根据世界面临的重大挑战设置了七大话题：气候、可持续发展、经济发展机会、创造就业机会、医疗、全面健康和营养。随后，俱乐部成员根据主题尽可能寻找优质的内容，以便人们可以用10%的时间谈论问题或难题，用90%的时间讨论解决方案。这样，社区成员每次的聚集都会出于一个明确的理由。如果你能围绕更高的使命、目的和内容建立起范泽尔所提倡的"黏性"，那么社区和解决方案也都会自然而然地出现。

当你有一个这样的故事时，那些能够帮助你的人会伸出援手。

你需要提炼自己的故事，找到其中精华。你想要实现怎样的目标？如何才能把你的故事转换为一种使命，获得他人支持？当你的故事精练而清晰的时候，你就更容易弄清你与他人的契合点，从而创建"星群"。你需要让自己的故事保持连贯，但是随着时间的推移，你的故事也要有所调整（最初只是粗略的草稿，逐渐成为精雕细琢的版本），这样你不仅可以明确自己的使命、目标和潜力，同时也可以明确你想创建的"星群"的使命。如果你的"星群"中的其他人也清楚他们自己的故事，催生的合作和结果都将具有更深远的意义。

帮助其他人融入你的故事

永远不要害怕问别人他们认识谁。在一段关系之中，你的付出与收获是均等的，你大可直接张口询问，有时对方甚至期待你这么做。大部分人觉得帮助他人相互认识或提供咨询服务能够带来快乐和成就感——如果你不问，你永远不知道你会错过什么。如果询问别人是否认识某人让你感到忐忑，你可以采取一些经典的破冰技巧，比如介绍自己的时候可以讲个虚构但是可信度高的小故事，而且故事越是脱口而出、越是出人意料，效果也会越好。

当你确定自己的核心目标之后，就需要开始审视此前处于"休眠状态"的关系：他们是否适合进入你的"星群"？即使他们不适合，他们也可能认识适合的人选，或者你可以根据他们分享的想法或他们正在做的事情来构想自己的社区。肖克特在为自己《大生活》一书做研究的时候，会邀请诸多女性一起吃饭，用餐期间她们都以相互支持为目标，肖克特深深为之吸引，于是进一步举办了更多的晚餐聚会。

她会邀请一位女士，告诉对方，"把朋友的朋友的朋友带来"。肖克特在创作《大生活》这本书时举办了二十几场晚宴，随后在宣传图书的时候，她又在全国各地举办了二十几场晚宴，受邀的女性此前互相之间并不认识，席间她们共享奶酪片、比萨、美酒，相互支持，晚宴后，很多女性都不愿离开活动场所，想继续进行交流。

女性之间相互支持的方式令肖克特感到惊奇，因为在商场之上，她没有经历过这种情况。如她所说：

> "此前，我从未见过这种情况，大家只是单纯地想成为朋友，只是想互相帮助。我此前目睹了太多同行、同事之间的竞争。事实上，直到我离开传统的企业环境之后，我才充分意识到人际关系的重要性。我在一家国际杂志集团工作多年，度过了一段传统意义上的的职业生涯。这家公

司规模很大，我也需要培养保证自己职业发展的重要关系，但是对象都是公司内部人员。我应该建立关系的对象是那些比我高几级的高管，或者其他部门的高管。这并不是说我没有刻意培养这些关系，但是它们的建立是理所当然的，而且相对容易。而且相对容易。从那个集团离职之后，我才看到更加重要的人际关系在我的生活中绽放，那些不再需要与我有业务关系的女性依旧想加入我的事业，因为她们认为我谈论的内容非常有趣，或者认为我从事的事业引人关注。"

肖克特的"大生活"关系网络中包含许多"千禧年"的女性（出生于 1980—1995 年的女性），她们告诉肖克特，由于存在代际差异，她们在工作中感到孤独，更糟糕的是，她们还感到社交媒体令人愈发孤独。她们深受"除了我，别人都很开心"这一感觉的折磨，尽管知道网络社交平台记录的大多是生活的美好时刻，她们发现自己的心情依旧会时不时地受到影响。肖克特主张有志向的女性组成小组，定期举行活动，她们可以帮助彼此完成远大抱负，跨越成功路上最复杂的部分。她建议定期举办晚宴——你可以举办自己的晚宴，或者只是组建小组，定期举办活动，利用对方的资源和专业知识。有时，你不见得想向你的配偶、男女朋友或者最好的朋友发泄，而只是希望能有个人听你说说话，想要聊聊办公室里的糟心事儿，需要别人只是倾听你的讲述，而不加以评判。

实时调整和改变你的使命

你的使命是否发生了改变？它需要改变吗？有时它会发生变化，有时你必须做出改变以适应现实世界。对你想要实现的使命进行调整是非常正常的行为，而且调整往往会发生在意想不到的时候。

在为撰写本书进行各种访谈的时候，我们当地的政府采取了为期一个月的封城措施，颁布了居家隔离的政令，以减缓新冠肺炎病毒的传播速度。各行各业都在迅速进行调整，全世界其他地方也是如此。疫情来袭的时候，我正在采访范泽尔，他的俱乐部也在面临巨大挑战。英国政府下令让他们暂时关门歇业，但是随后的事情更值得我们注意。范泽尔的第一句话是："我们能为我们的社区提供何种服务？"他们将重心转向数字项目和在线研讨会，参与者超过15 000人。他们提出的第二个问题是："我们如何能将目光从自己身上移开，去关注那些风险最大的人群？"对于这个问题，他们启动了一个项目，专门为英国国家医疗服务体系的一线员工和医护人员提供食物，总计向三家医院的工作人员提供了3万份餐食和2万个面包。

当你确立了崇高的目标，而世界却按下了暂停键，这时候，为了实现你眼前的目标，你所需要的人员可能与此前大相径庭。但是，只要你对自己的使命非常了解，得到你需要的资源、继续实现使命还是相对容易的，而且它们可以被迅速完成，特别是在危急关头。

评估吸引多样化人际关系的能力

你是否评估过自己职场人际关系的多样性？想一想与你有业务往来的人。或者，如果你还年轻，刚刚开启自己的职业生涯，甚至还在寻找第一份工作，思考一下你想跟随什么样的专业人士学习，或者在申请工作或拓展职业时希望接触到的人都是谁。希望接触到的人都是谁。他们的年龄、性别、社会经济和地理位置构成是怎样的？是否每个方面都有各种不同的代表？现在花点时间考虑这个问题。你的人际关系是否足够多样化？你是否可以采取措施，围绕一个共同目标吸引各种不同的人？

坦诚而多样的对话可以大幅改善我们的个人生活和职业生涯。认识来自不同行业和具有不同经验的人，可以为你提供宝贵的见解，帮助你知道公司如何更好地服务现在的客户；你可能会发现身边此前从未被发现的人才或服务，或者此前你并不知道自己需要此类人才或服务。未来你可能会成功重塑自己的企业或将企业搬迁至新的地点，这都是此前人际关系结出的果实。

"多样化的人际关系是宝贵财富"可能并不是什么新鲜观念，但不太为人所知的是，人们彼此相似，并不一定有利于催生人际关系。你可能认为，与"像你一样"的人进行社交或一起工作更可能找到需要的社交对象或建立需要的关系，进而发展为重要的关系。但事实并非如此。我们应该思考一下是什么让人际关系变得牢靠。

心理学家亚当·格兰特著有三本畅销书，其中包括《沃顿商学院最受欢迎的思维课》(*Give and Take：Why Helping Others Drives Our Success*)。作为宾夕法尼亚大学沃顿商学院的教授，他专门研究组织心理学。格兰特说，仅凭相似性并非总能催生人际关系。"如果仅有一些共同点就足以建立人际关系，那么我们和每个老乡或者高中校友都能迅速产生化学反应。"格兰特说，"真正能促进关系发展的恰恰是不同寻常的共同点——在某些罕见的方面有共同点。例如你在外国遇到同乡，在这种情况下，共同点并不常见，感觉会很特别。"对那些和我一样不幸失去了母亲的女性，我总是能与她们迅速建立关系，因为并不是每个人都经过这种创伤。这些关系是自然而然出现的，但是你需要经历尽可能多的情景，在深度和广度方面提升自己经历的多样化将大有益处。

"聚集"部分回顾：不断增加"星星"

在"聚集"这一部分，关于如何在生活中开始建立或持续培养重要业务关系，我们介绍了一些研究，提出了建议和见解。"聚集"阶段关心的是，最初建立人际关系时"人物""内容""时间""地点"和"方式"等问题。当然，最先考虑的"人物"应该是你自己。毕竟每一段关系的出发点都是你自己。所以，请记住，首先要明确的是，如果你愿意做好自己，愿意鼓起勇气，愿意略感不适（当然是在合理范围内），你所寻求建立的"星群"就更容易成型。正如我父母为我树立的良好榜样：工作和生活不能一分为二。

接下来，你要无比清楚自己具备哪些技能，自己的职业愿景是什么，并且找到帮助别人融入其中的途径。换言之，敲定你的故事。这让我想到了你关系网络中的其他人：你"星群"中的其他"星星"。为了创造最辉煌、最有意义和最有效的"星群"，要积极主动地寻求多样性，并找到能够进一步扩大你影响力的连接者，如果你是女性，应确保你也有一个只包含女性的关系网络。

至于如何建立关系，简单就好，从小事做起。利用你已经拥有的人际关系，在你关心的组织和事业中担任志愿者，寻找机会预先接触对方或者举办活动（如果你能定期地、长期地举办活动，实现有机发展就更好了）。谈及举办会议、活动或聚会的地点，我们再次强调一下：简单就好。可以通过小型的面对面早餐会，视频会议，或者用传统邮件寄出一封短信的方式来重启"休眠"中的关系。最重要的是，你要采取行动，建立人际关系，不要瞻前顾后，只要不断增加"星群"中"星星"的数量就好。

第二部分

请求：发现最直接的需求

焦点： 在这一部分，我们将学习如何把我们在第一部分聚集起来的点（或者说"星星"）连接起来。我的方法归根结底就是思考最重要的那个问题：我可以提供怎样的帮助？但是除此以外，我们还将缩小范围，讨论如何提出更多（和正确的）请求，将你"星群"中的"星星"排列成你想要的模式。

认真倾听，直抒胸臆，提出请求，以及知道如何在一个充满着令人眼花缭乱的沟通工具的世界里以最佳的方式进行沟通，这些都是本章介绍的内容。如何发现别人的需求？当然是直接询问他们！

第六章

确信自己可以提供帮助、支持和指导

面对新的人际关系或者初次参加某个聚会时，你可能已经会思考"我能提供怎样的帮助"这个问题。但是这句话的力量和影响远不止于此。现在，你可能也了解到建立我所提倡的"星群"的力量。如果可以熟练地驾驭"我能提供怎样的帮助"这种方法，你能建立的"星群"的规模，以及它可能在世界上开创的伟大成就，都是令人敬畏的。

我与他人初见之时，在简单寒暄之后，比如询问他们的名字和聊一聊宴会的食物或酒水，我请求对方回答的第一个问题是："你现在面对的是怎样的挑战，需要什么帮助？"在某些情况下，这个开场白仿佛能够为我们打开快速通道，但得到的东西恰恰与我们询问的内容相反。因为根据我们的提问，我们最终得到的应该是一堆需要完成的工作，而非帮助！但是，几句简单的话语恰恰能改变我们在商业关系中努力的结果，主要是因为它们令对方意想不到。重构经典的"请求"环节，采用非"功利性"的提问，打破了原有"等价交换"所带来的障碍。"等价交换"这种理念往往会阻碍我们建立业务关系，让社交活动变得令人难以忍受。会议室里的闲谈过于肤浅，令大多数人头疼不已。

但是，当你询问他人你能如何支持他们的时候，对方的耳朵会立刻竖起来。这样的提问，也为你们的关系打下平等的基调，别人不会再觉得你特别渴望得到某些东西，也不会再觉得你害怕被人认为在职业层次上低人一等。相反，这种提问方式会让人际关系中主导和掌控的天平向你倾斜。采取这样的行动，你就确立了自己处于一种可以提供帮助、支持和指导的地位。

我能提供怎样的帮助

想象一下，你参加某个活动，现场你认识的人并不多。你穿戴着名牌衣饰，尴尬地吃着食物，想找个地方放下你手中端着的酒水。你与某个人聊天，就自己的业务领域进行了一次有意义的谈话。与其滔滔不绝地介绍你自己的情况，不如问他们："您现在面临怎样的挑战？"然后你只须倾听。你能学到的东西会令你感到惊讶。回想一下这些年来你所有的商业对话，也许你错过了帮助同事或老板的机会；也许你本可以帮助某人找个保姆，或者修好对方的笔记本电脑……存在的可能性无穷无尽。

以"我能提供怎样的帮助"开头非常有效，因为大多数人面对对方"无力"的开场，都会犹豫是否要与对方建立关系。但是，伸出援手完全消除了你在别人脑海中软弱无力的形象，它使你和潜在的客户、同事或者朋友之间的关系更近一步。这个开场白可以提醒每个人：我们都可以从援助、关怀和支持中受益，从而使得现场的每个人处于平等地位。这样提问也能直接表达你的意图：我可以向你提供帮助。麦克弗森战略咨询公司的业务是帮助客户围绕企业社会责任和社会影响力提升沟通水平。我们为什么要向他人推销他们不需要的东西，而不是直接询问他们的需求？

提出"我能提供怎样的帮助"是邀请对方进行协同合作。它发出了信息：我对你从事的工作和你的身份很感兴趣。相比之下，如果别人在和你进行社交对话的时候，目光越过你的肩膀，望向远处一位大家都在关注的某企业创始人，或者忽略了眼前的你，而是一直注意着他们愿意为之效劳的公司的副总裁。哪种对话更能促成将来的业务合作？

我们并非总是需要提出业务方面的问题，那是一种需要慎重使用的策略。我不建议在整个聚会中逢人便说："你好，我是苏珊，我能为你提供怎样的帮助？"循环往复，这样会令人感到恼火和厌烦，甚至导致灾难性的后果。你需要转变的是思维模式。在你走进活动现场之前，把你的内心独白从"我能得到什么"转化为"我能提供什么"，挑选几个与你有协同感的人，向他们表示愿意提供帮助。

这种思维方式的转变会立刻让你和接受帮助的人卸下防备。当有人愿意帮助你的时候，你会感到非常舒服；表示愿意提供帮助，代表你愿意与对方进行的交往不止于交换名片（或者将你的电子邮件地址输入对方的客户关系管理应用程序）。

根据我的经验，提供帮助可以让我以一种战略性的方式进入对话。这样的方式让我可以学到重要的知识，建立关键的关系，而且在大多数情况下，对方也会回报我的善意。我深知每个人都能够为对方提供帮助：为孩子上学或工作申请写一封推荐信，花一个小时帮助对方编辑领英资料。每个人都有自己的专长和资源，为他人提供帮助并不需要谁人的许可，更不是德高望重者的专属：这是一种思维方式。

人人都有可以提供的东西，无论它在你看来多么渺小或微不足道。花点时间记下一些你可以提供的东西。相信我，你会发现很多令你惊诧的内容。

社交的时候，我经常问对方来自哪里。因为我曾经在多地居住过，这样确实有助于找到彼此之间的联系点。但是如果我们没有在类似的地方居住过，我会问："我一直想去那里——住在那里是什么感觉"（随后只须倾听答案）。我也经常暂停谈话，确保我已经理解了对方谈话的所有内容，因为能够更多地了解这个世界其实是一种馈赠。"哦，我的天啊，你能重复一下吗？"说完，我会把它记在纸上或手机里。这样，随后与对方发展关系的时候，我手头就掌握了准确的细节。有时我甚至会询问是否可以给对方拍张照片（不是为了放在网上），这样我就可以准确记起我们之间的谈话。在活动结束之后阅读笔记，也能够刺激我的记忆，"哦，谢丽尔来自芝加哥西郊，安德里亚也是，她们都对经济政策和狗充满了热情，我应该介绍她们互相认识。"

对不同观点抱有好奇心

无论是在职场还是在生活中，能够理解不同的观点是极为重要的。从哲学上讲，如果对方在政治、社会和环境等方面与我们自己的观点大相径庭，彼此对话可能会异常困难，但倾听可以促进理解。

如果想在商业上取得成功，就需要深入和全面地了解所处的行业、行业中的从业者以及需要解决的主要问题，这会让你收获更进一步的成功。我们需要抱有好奇的心态。站在你面前的人知道哪些你不知道的信息？他们是谁并不重要，只要他们知道一些（可能是很多）你不知道的内容。如果能汲取这些知识，你不仅能增长见识，更能提升修养，全面发展。你能从他们的观点中学到什么？即使你与他们的观点不同，或者他们的观点与你的工作没有直接关系，你是否也可以从这种信息和想法的交流中有所收获？如果对方是你的同事，即使你们不在同一部门或同一项目中工作，你也可以思考：他们在想什么？你们可以从对方身上学到什么？如果你在销售部门，你该问问从事业务工作的同事，他们有什么困难，你能提供怎样的帮助，为什么？这样，你会对整个组织有更加全面的看法，能够向客户或顾客解释为什么你的公司是更好的选择，从而成为更加优秀的销售人员。

提供有价值的技能或经验

无论你现在是在考虑申请一份工作，还是冷静下来思考你职业生涯的下一步，我们中的大多数人（至少是许多人）首先考虑的都是我们想得到什么。我们想为哪家公司或组织工作，我们想要哪个职位，我们希望得到什么水平的薪水……如果我们不注意收敛自己，需求清单极易变得烦琐冗长。无论如何，渴望拥有美妙的职业生涯并没有错。但是，冷静下来思考你可以提供哪些技能和经验，是看待自己职业生涯（其中的人）的另一种方式，也是一个我经过亲自验证后，觉得非常有效的方法。

一切都始于那个问题：我能提供怎样的帮助？

抱有"我能提供怎样的帮助"这种心态至关重要，它往往与我们的内心独白完全相反。我们很容易倒退回"我能得到什么"或者"我能有什么好处"的思维模式之中。这种思维模式常常是职场文化的主流。但是如果仔细想想，你的工作、职业和行业的主旨并非为你服务。当然，它们确实会给予你很多，比如收入、意义、目的，以及最重要的东西——人际关系。但是，**当你考虑"一生的工作"这一主题时，我希望你选择将宝贵的生命投入某项事业之中，以某种方式服务他人，以某种方式让这个世界比你到来之前更加美好。**让自己思考这类问题可以激活一种奉献的思维方式：我怎样才能让别人受益？

苏珊·丹齐格（Susan Danziger）是一位企业创始人，也在企业担任首席执行官，她建立了多家企业和多个有影响力的社会组织，她自己的职业生涯也非常辉煌，她采取的方式就是冷静下来，思考"我能提供怎样的帮助"，她说在得到答案后，她会继续反复思考，将其作为一种自我反思方式，并且自问：老实说，我能提供怎样的帮助？我有什么独特的技能和专长可以巧妙地应用在商业或社会问题上去化解这些问题？最近，丹齐格创建了哈德孙的火花（The Spark of Hudson），一家位于纽约州哈德孙镇的学习中心，致力于解决当地的贫困问题。哈德孙是美国第三大创意社区，汇集了作家、艺术家、手工艺者，拥有约 6 000 人口，社区经济分层明显，1/3 的人相当富裕，1/3 是中产阶级，1/3 经济水平在贫困线或以下。"哈德孙的火花"拥有面积为 1 万平方英尺（约合 929 平方米）的劳动者发展和培训中心，以及一家社区咖啡馆、一个教室、一个活动空间和上课期间供大家过夜休息的房间。正如丹齐格所说：

> "我意识到，通过开设这样的中心供大家一起学习，可以增强我的人际关系技能。'哈德孙的火花'就是要把人们聚集在一起，建立关系，无论我是否在场。实际上，这是一种扩大人际关系的方式，提供一个其他人也可以聚集、建立关系和相互学习的空间。我的希望是，在哈德孙镇，我们的'火花'能够帮助人们相互了解和欣赏。"

首先，"哈德孙的火花"的任务是与社区成员合作，找出他们感兴趣的职业，然后为他们匹配短期培训课程，并安排带薪实习，使这些技能可以立即被运用。

当我为写作本书采访丹齐格时，为了防止新冠肺炎疫情的蔓延，我们正处于大约五周的封城时期。在那段时间，她真正践行了"我能提供怎样的帮助"的精神，为他人提供了各种帮助。她在短时间内取得的成绩令人赞叹。"哈德孙的火花"为医护人员提供饮食，带头支持各家餐馆，倡议人们向餐馆捐钱，保证餐馆继续运营，并且由受到捐赠的餐馆为医护人员提供餐饮。这一项目现在已经演变为"喂饱哈德孙"（Feed Hudson）：人们向餐馆捐钱，为那些居住在低收入住房的最弱势老人群体提供食物。他们还向 60 多个家庭分别提供 500 美元的紧急补助，并计划将覆盖面扩大到无证劳工。来自当地 50 个家庭的学生由于缺少设备无法使用互联网上网课，几天内，丹齐格安排了一家电话公司向这 50 个家庭发放了电话，作为网络热点。

所有这些努力都是为了扭转贫困的恶性循环。这项尝试有望成为供全球不同社区研究的案例，干预和打破这种看似永远往复的循环。当我问丹齐格如何看待落实"我能提供怎样的帮助"的思维模式时，她提到了两个观点。其一，有些人天生就是给予者，对他们来说，"我能提供怎样的帮助"这种思维模式会自然而然地出现。但是对于另外一些人，他们不一定具有这种思维模式，需要刻意地使用一些策略。他们需要自己召集利益相关方、具有关键影响力的人物和令人关注的对象，这样才会遇到自己需要认识的人，才能建立起真挚的关系。

Modern Loss 的二位联合创始人以类似的方式创建了她们的项目。联合创始人之一瑞贝卡·索弗（Rebecca Soffer）的母亲于 2006 年劳动节在一场车祸中丧生，此后不久，索弗首次见到了另外一位联合创始人加布丽埃勒·比克纳（Gabrielle Birkner）。四年后，索弗的父亲因心脏病发作去世。二位未来的联合创始人一个共同的朋友邀请了几个失去了双亲的朋友一起吃饭，二人在吃饭时正式认识。那时，比克纳也失去了她的父亲和继母——二人同样都失去了亲人，有着相同的悲痛经历，因此她们迅速熟络起来，建立了亲密的友谊。二人表示，与其他朋友和同事一起的时候，很难谈论自己的悲伤遭遇。她们发现人们总是想解决她们的问题，这毫无意义，有时人们甚至直接忽略她们的感受。

我问索弗，她们是如何落实"我能提供怎样的帮助"的核心精神、建立 Modern Loss 的，她是这么回答我的：

> "这个社会对待悲伤情绪的方式，令我愈发感到厌倦，特别是人们对他人的悲伤不管不顾时所采取的方式。人们总是漫不经心地对你谆谆教诲，有时甚至还要表现得诙谐幽默，劝说你要有复原力，要努力提高生活质量，完全不顾及你失去亲人的感受，有时你甚至会因为失去亲人而受到一番说教。除了心理咨询这种显而易见的方式，我们根本没有地方可以思考和解决伤痛。Modern Loss 的初衷是建立一个社区，让有类似经历的人可以分享自己的故事，我们都是有故事的人，在这里，我们可以将它讲出来。"

正是因为二位联合创始人有着相似的痛苦经历——此外悲伤带来了额外的痛苦，以及存在着身处我们的文化中未能被充分解决的各种挑战，Modern Loss 才得以创立。通过努力帮助其他有类似经历的人渡过难关，我们也找到了值得奋斗一生的事业，以及崇高的职业目标。成千上万的人因此得到了他们此前无法得到的支持。

哈德孙的火花和 Modern Loss 的创始人利用自己的个人经历，也包括个人失去至亲的痛苦，创造了新的组织：厨具品牌、分享伤痛的社区、供成员亲身学习和建立关系以消除文化和经济鸿沟的中心。这是几家不同的企业，但是创始人对于他们要为他人提供什么，对于他们可以贡献哪些技能和专长来帮助他人，都有自己的感悟。即便你不想成为企业家，对于创立自己的企业毫无兴趣，这种思维模式依旧大有裨益。

思考一下：你有什么在别人看来具有价值的专业技能？朋友、家人或同事会向你征求哪些方面的意见？你有哪些技能能够给你的同事和相识之人带来最大价值？你最擅长的是什么？即便这些答案不会让你一夜之间顿悟，随着时间的推移，始终将这些答案记于心间，会令你不断反思并具备"我能提供怎样帮助"的意识，让你在自己所属的"星群"中有更进一步的成长。

提供驱散失败恐惧的帮助

作为人类，我们都缺乏安全感，所以会害怕别人的批评。在进行人际沟通的时候（或者做其他任何事情时），我们总是会想象所有可能的失败方式，这会让我们在开始之前就动了放弃的念头。

为别人提供帮助的思维方式的另外一个作用就是让我们摆脱这种困境。如果人们因为别人对自己的评判而感到恐惧或紧张，心里想着，"天呐，如果这行不通该怎么办？"他们可能会止步不前，甚至放弃、退出，不敢承担风险。然而，如果你是活动的召集人，风险就会减小很多。如果把目标设定为向别人提供帮助，你会立于不败之地。即便你只为别人提供了一点帮助，那也是一种胜利。

丹齐格创办数字出版机构 DailyLit 的时候，传统出版商还没有进入数字领域。当时她在思考：我怎样才能想出好点子，争取到第一个客户？她没有放弃尝试，主动出击创建了"出版点"（Publishing

Point），每月召开一次聚会，邀请一位演讲者和一些出版行业的从业者参与。她还在 Meetup 应用上发起了活动，邀请知名人士前来发言：他们是各个行业公司的 CEO、专业人才，以及其他有影响力的人物。组织这样的活动也让她具有了影响力和发言权。

还记得我们在"聚集"部分学到的内容吗？作为主办者，我们可以以更加友善的方式将他人邀请到自己的活动中，提供帮助，表达善意以及真诚支持的思维方式能够为参与活动的所有人创造巨大价值。

但是，充当给予者，会不会让我们变成受气包呢？如果贯彻得不好，我们难道不会被别人占便宜吗？给予的太多还是太少之间的界限在哪里？亚当·格兰特说，作为给予者并不意味着要答应所有请求。相反，他建议，作为给予者，需要针对对象是谁、何时、如何帮助对方等设定界限。

所谓"对象是谁"是指针对索取者设定界限，如果某人此前以自私自利出名，那么你就没有义务去帮助他。如果你帮助的对象为人慷慨正直、做事公平，那么你对他的帮助行为就可以让慷慨不断传播下去，成为一种行为准则。所谓"何时"是要对时间设定界限，失败的给予者一接到请求就会放下一切；成功的给予者会为自己的目标和自己留出时间。所谓"提供怎样的帮助"是指要对给予帮助的类型设定界限。

格兰特认为，"慷慨专家"需要以令自己充满活力而非精疲力竭的方式提供帮助，而且提供帮助的前提是自己能够为对方带来独特的价值。他推荐的做法是为对方提供举手之劳，即低成本地给予他人高受益的帮助，比如分享知识或牵线搭桥。如果我们能够在工作中或心理层面分享观点和知识，或者介绍他人相互认识，从而让他们受益，那么我们的生活就会变得非常充实。格兰特还谈到，当你技能出众，拥有为之努力并且取得了坚实成果的项目，大家就会想与你建立关系，你不必再去讨好他人。如果你除了"我想建立人际关系"还能做出其他贡献，空谈不如实践，能够为你背书的就是你的工作成绩。

许多人在思考"我能提供怎样的帮助"之后开启了全新的事业，或创建了社会企业、非营利性组织。世界上有许多问题需要解决，比如商业和其他方面的问题。但是如果你走入某个面试房间，把简历放在别人面前，在他们的耳边大谈特谈你需要什么、你在做什么、你会学到什么，我无法否定你的这种做法，但是我可以告诉你，这样不会有理想的结果。

总结一下，提出"我能提供怎样的帮助"的问题，可以始终为我们指引正确的方向。无论你思考的问题是"我在此时能提供怎样的帮助"还是"我在这一生中能提供怎样的帮助"，都要倾听对方的答案。这些答案非常重要，可以帮助你确定自己的人生道路和需要组成的"星群"，帮助你找到那些关注着你并且让你感受到自己受到关注的人。

第七章

懂你所需：明确想了解的对象、事件和方位

　　亚伯拉罕·林肯（Abraham Lincoln）有句大家耳熟能详的话，"如果要在 6 个小时里砍倒一棵树，我会先花 4 个小时把斧头磨利。"林肯的理念是先做好技能准备，这一点在建立有效的商业关系中也是适用的。大家普遍认为在见面的前 4 个小时是培养关系的最佳时间，可以建立值得信赖的盟友关系。身边围绕着与你有共同愿景和热情的支持者，好比拥有了锋利的斧头，为完成自己的目标做好了充分准备。在这种情况下，钝斧就相当于你在领英上建立的不牢靠关系或者曾经在某次活动上只是与你交换过名片的路人。如果使用的是这样的钝斧，即使抢着斧子工作 6 个小时，也只能是费尽力气，大树依旧屹立不倒。

　　也许你已经利用本书中学到的工具建立了具有深度的商业关系。也许你已经清晰地表达了自己可以提供的帮助，你可以更好地向他人提出自己需要的东西并且得到它。但是**连接的方法的魅力恰恰在于它总是在不断演变，永远不会有尽头**。真正的人际交往永远不会结束，人际交往的请求阶段永远不会完结。在"请求"阶段之后便没有后文的人际交往不是真正的人际交往，只能算是商业交易罢了。我提出的三个阶段彼此交织，环环相扣。你要不断加深已经建立的关系，建立新的关系，维护正处于"休眠"状态的关系。这样一来，各种请求就会自然而然地展开。当然，某些情况下，你提出的请求非常重要，比如可能是在董事会的会议室，你希望董事们能够通过公司的过渡计划，对于这种情况，你需要做好无懈可击的准备并且反复加以练习。最出色的连接者会注意细小的联系，设置小型的任务，在这一过程中不断给予他人帮助，把自己的斧子打磨锋利——做好准备，在时机成熟的时候，以更好的状态提出重要请求。生活中实现大部分的目标都需要做好万全的准备，提出请求也不例外。

准备好"颁奖词"：准确说出对方的5个关键特征

> *"女士们先生们，我很荣幸地介绍……"*

在奥斯卡或其他颁奖典礼上，在获奖者上台之前，通常会对获奖者的人生或荣誉进行一番热情洋溢的介绍，有时候会加入轻松幽默的元素，这已经是约定俗成的套路。当你为会议做准备的时候，是否想到过把参会者当作是奥斯卡奖获奖者，然后进行深入研究呢？有了数字化的"侦查"和研究工具，我们没有任何借口不把参会者的简历写下来。思考这个问题：我能否即席介绍来宾，准确地说出他们的5个关键特征？这5个关键特征是年龄、学校、感兴趣的项目、有关他们自己和公司的媒体报道和新闻。如果在会议或活动期间，你能说出，"我注意到今天您为非营利社会组织提供了资助，数额令人惊叹。真了不起，我想向您致以谢意！"这样做能给对方留下特别深刻的印象，也是向对方传达你对他关注的最佳方法。只需要点击几次鼠标，你就能在领英等大家非常熟悉的地方找到对方的信息。对方是否撰写过相关文章？如果有，一定要阅读这些文章，然后准备好后续的问题："您提到了 Slack 将改变您开展业务的方式，可以具体谈谈吗？"

　　一旦敲定了对方的"奥斯卡颁奖介绍"（你对他们的简历和 5 个关键特征了如指掌），你就要通过扩大研究范围，为情报增添一点色彩。你有没有和认识对方的所有人交谈过？许多人会认为人际关系是双向的：你可以为我做什么，我可以为你做什么。其实这种看法是片面的。人际沟通和合作的层次是无限的。也许你脑海中的问题并不利于双方的业务合作——一定要花些工夫，做好全面的准备，尽可能多地了解对方各个层面的细节。

握手还是拥抱：考虑对方喜欢的互动方式

　　既然你已经做好了功课，了解了沟通对象是谁以及他们取得过怎样的成绩，接下来就要考虑一下他们喜欢的互动方式了。

　　你的同事之中，可能有人喜欢拥抱，有人喜欢握手。新冠肺炎疫情期间，有些人喜欢打电话，有些人喜欢视频会议，有些人则喜欢发短信。我们需要考虑对方的背景。你同一位住在纽约已经 65 岁的董事会成员建立融洽关系的方式，显然与你同一位住在洛杉矶年方26岁的演员建立人际关系的方式截然不同。你在密歇根州与某人建立关系的方式，可能和你在佛罗里达州甚至意大利、日本等地与人建立关系的方式也不同。建立人际关系如同跳舞，你在建立人际关系，但是对方知道最终你还是会向他们提出各种请求：生意合作，索要报价，或者得到捐款。这通常是向右走两步（从人性角度了解对方），向左走两步（开展业务）。根据对方的文化背景，舞蹈可能会有快慢之分，节奏步点也有不同。你需要不断调整，让交际对象设定节奏。

我的导师南希·赛尔斯曾是我所在报社的高级销售副总裁，是拥有数十年职业经验的销售大师，如今她在全球进行销售培训。有一次，她为通过电话销售房屋贷款的专业人士讲授培训课程，讨论在电话中与客户建立人际关系的不同策略时，她的一个学生告诉她："南希，我可不在乎客户的孩子在哪里上学。"这位学生说出这样的话是站在自己文化的角度，因为在他们的文化中人们并不关心这一点。这是一个需要我们观察的重要区别。但是，南希指出，能够通过电话从人性出发建立关系是重要的销售工具，这位学生需要学习更有效地使用这个工具。

我举这个例子是想提醒大家，每种文化都有不同的规范，对人际关系的期望也不同。在建立人际关系的时候，要注意这一点。如果推销者或销售对象比较谨慎或保守，或者来自其他文化，你需要对此保持敏感，倾听他们的暗示，注意他们的反应，不要强求。如果你犯了错误，一定要道歉，然后继续开展业务，商业关系就像其他关系一样，不应该强求。

建立人际关系就像演奏小提琴或者在足球比赛里进球一样，是一项可以学习的技能。我们都有能力围绕人性和对方的生活经历与之建立关系。但是值得注意的是，有些人做到这一点是依靠天性自然而然地完成，而那些所谓缺乏天赋的人，在我看来只是尚未习得罢了。

建立信任的三个要素

确认了自己的使命、商业计划或者求职目标之后，你会开始把各种人整合到自己的使命之中。但是如何实现呢？如果你需要的人选已经参与和投入你的使命之中，这是最佳状况；如果他们尚且没有，你需要让他们注意到你的事业，然后让他们参与其中，进而要求他们采取行动。但是首先，你需要让他们注意到你的事业，参与进来，建立信任。建立信任不可能一蹴而就，是一个缓慢的过程，你可以通过一杯咖啡、一次对话等，逐渐积累起信任。信任的建立是漫长的过程，却会在转瞬之间消失。

普华永道会计师事务所的研究显示，商业中的信任归结为三个基本要素：能力、经验和价值观。在你进入"提出请求"这个环节之前，你的潜在合作伙伴或客户需要先信任你。他们需要知道，你能够说到做到，遵守承诺，而且你与他们有着相同的价值观。随着时间的推移，点滴的行动会逐渐建立信任，就像时常在账户里存入小额存款最终会积累巨大的财富一样。

正如不同的文化在社交和建立商业关系方面有不同的社会规范，

不同文化下，建立信任的规范也各不相同。例如，《哈佛商业评论》的研究发现，属于北美和欧洲文化的研究对象往往较为开放，他们普遍认为客户和合作伙伴是可靠且值得信赖的，除非事实证明并非如此。总的来讲，来自这些文化的研究对象喜欢测试对方的开放性，重视透明度，以此作为判断对方是否值得信任的标准。在该项研究中，来自东亚文化的研究对象更注重能力，常通过对方的声誉来判断对方是否值得信赖，他们的客户通常可以通过展现能力获取信任。该研究还发现，来自中东和南亚文化的研究对象更喜欢在谈判之前进行社交活动：他们同样重视评估对方是否受人尊重。拉丁美洲的研究对象会优先考虑双方是否有共同的价值观，同样更喜欢在谈判前进行社交活动。这些研究结果并不是百分百准确地全面概括，只是告诉我们，文化不同确实会影响商业关系的建立过程。但是该项研究还是让我们了解了商务活动中存在的不同方式和途径。

有个总是能建立信任妙招：社交闭环。比如有人把你引荐给他人，例如，他把你介绍给芝加哥一家位列《财富》杂志 100 强的公司的首席营销官，而且你参加了应聘面试，你需要告诉引荐人后续的情况、事情的细节与进展，并且记得用电子邮件或贺卡感谢他们。在你提升自己连接艺术的同时，你也埋下了种子，方便你未来继续与引荐人交谈。每次你告诉对方事情的后续进展或者再次进行沟通时，他们都会注意到。你给他们留下的印象是这个人值得信赖、立场鲜明。你的声誉是通过职业生涯中成千上万微小的细节建立起来的——准时到场，提出轻而易举能够实现的请求，提供帮助，实现社交闭环。

从"举手之劳"开始

如果你需要开启新的业务或创立新的组织，不要等到万事俱备，可以启动的时候再去寻求支持者，你需要做的恰恰与之相反。你需要支持者在你事业的早期就参与进来，随着事业的发展，他们也可以积累既得利益。

在寻找工作的过程中建立关系也是如此。对于你梦想中的工作，最有力的推荐信不一定来自那些在各方面给予你帮助最多的人，而是那些对你的目标以私人身份提供了帮助的人。在你寻找新业务的客户或者为你关心的某项当地事业寻求支持者的时候，道理也是一样。不要等到需要向他人提出重要请求的时候才找人帮忙，你应当使用我称之为"举手之劳"的技巧。

能够让你在短时间内就得到自己所需帮助的方法可能不胜枚举：你觉得这个商业提案如何？你能转发一下这个活动的细节吗？你能不能抽出 5 分钟时间看看我的简历？你觉得哪家技术平台最适合我们这次的在线峰会，可以推荐一下吗？你能提供一些进入这个行业的建议吗？

道格拉斯·阿特金（Douglas Atkin）在担任爱彼迎（Airbnb）的全球社区主管时，经常谈到人们为什么会对某些品牌和社区产生难以置信的热情，而对其他品牌和社区则不会如此。为什么有些品牌会广受追捧，而其他品牌却难以成为家喻户晓的品牌，甚至难以维持经营？

阿特金著有《品牌崇拜》（*The Culting of Brands*）一书，他认为，品牌之所以有属于自己的追随者，是因为他们挖掘出了人类的归属感。人类渴望对某些事物有所归属。阿特金特别提倡使用一个名为"投入曲线"（commitment curve）的模型来吸引客户、投资者或社区成员。这一模型使你能够随着时间的推移，对你的社区、志愿者或潜在客户提出请求。它说明了关系是如何随着时间的推移而加深，并且在这一过程中双方对彼此的投入越来越多。投入曲线是上升曲线，横轴表示时间，纵轴表示投入的多少。许多人都认为这一模型表达的内容就像约会。约会的时候，我们都是从轻而易举的、低投入的请求开始提起，从"你想一起喝杯咖啡吗"逐渐发展为更大的请求"你愿意跟我结婚吗"。在此之间，我们还会像此前提到的跳舞那样小心接触。值得关注的是，阿特金和其他使用这一模型的人发现，那些为你的组织付出和投入得越多的人，他们的参与感和归属感也越强。当你正处于人际关系的初始阶段，给予对方5分钟就能够完成的简单帮助或者从对方那里获取类似的帮助，都是一个良好的开端。

11 个破冰问题

假设你已经准备好了对方的"颁奖词"，也研究了对方的背景，你的"工具箱"里也准备好了"举手之劳"类的请求，那么当你准备进行面对面会谈的时候，最好也能准备一些问题。如果你已经了解了对方的一切，你还该谈些什么呢？以下是我最喜欢作为对话开端的11个问题，它们可以帮助我们开启各种对话，大家会注意到这些问题里没有一个问题能够以一个简单的"是"或"否"来回答。

1. 你现在最感兴趣的是什么？

2. 你最近一次享用的美食是什么？

3. 你的孩子在哪里上学？

4. 你的姐妹住在布鲁克林的什么地方？

5. 你来自哪里？

6. 现在什么最能让你兴奋？

7. 在当今世界，你对什么最为好奇？

8. 当你不工作的时候，主要在做什么？

9. 你希望自己有更多时间来做什么事情？

10. 你读过什么文章或书（或听过什么播客，或看过什么电影），有哪些值得推荐的？

11. 如果下周你能去世界上的任何一个地方，你会去哪里？

人们喜欢谈论他们的孩子（作为一个没有孩子但是养狗的人，我喜欢讲述我救助并收养我的小狗菲比的故事）。但我发现，为了确保谈话不中断，"口袋"里多准备几个问题非常有用。如果你能问出很多问题，你会惊奇地发现你能了解到对方更多的情况。

提供 3 个选项，让对方答应你的请求

大部分人愿意说"好的"，帮助你实现你的职业和个人目标。如果你以引导性的方法让对方同意你的请求，并且为对方提供多个机会表达同意，对方会做出相应的回应。

我建议为每个要求提供至少三种不同的选择。例如，你正在寻找一份新工作，你在向别人求助时提供的选择可以为：选项一是将你的简历转发给招聘相关人员中可以帮助你的三个人，选项二是同意做你的推荐人，选项三是将你介绍给你理想公司中的某个人。

如果你向对方提出筹款的请求，选项一可以是捐款，选项二可以是将这个筹款的消息转发给其他三个可能有能力提供资助的人，选项三可以是发一条筹款信息在领英或其他社交平台上。

给出这样几个选项时，大多数人都会以某种方式做出回应。我在多个非营利组织的董事会任职，经常要以成员的身份筹集资金。我意识到，有时对方可能现金充裕，有能力捐赠，但在其他时候，对方可能正在经历艰难时期，不能随心所欲地捐赠。提供多种选择，让人们不会对你产生怀疑，如果只有一个回应选项，对方可能会突然与你断绝联系，因为只有唯一的选项，人们会害怕回信说："不好意思，我办不到。"我更希望对方有所回应，而非杳无音信。如果对方不回应，你会想："天呐，我是否激怒了他或者让他生气了？"相反，如果能提供三种（甚至更多）不同的回应方式，会让对方更轻松、更舒服地答应下来。

当然，偶尔也会存在这样的情况：有人仿佛是在带着你漫无目的地闲逛，总是没法到达你渴望的目的地。就像商家会遇到只逛不买的顾客——总会有人答应了你的请求，但是最终却没有兑现诺言。若你对此感到失望也非常正常，坦诚地向对方提出请求也没有问题。你可以这样说："咱们认识已经两年了，和你在一起很开心，你能不能把我介绍给你们公司的首席执行官呢？"当然，你必须找到合适的时机提出请求。弄清楚这一点至关重要，你不可能和所有人开展业务，要对自己的位置有清晰的认识。

总结：永远不要停止提出最重要的请求

即便是技能娴熟的销售主管，听到"请求"这个词也会感到有些不悦。但是，正如我们在本章中学到的，你可以"请求"对方帮忙任何事情，一次面试机会，一份工作，晋升机会或者是向你关心的事业捐款，在大部分重要的人际关系中，这是自然的一步。这就是为什么"了解你的请求"一章包含了深化商业关系的技巧：建立信任，更深入地了解你"星群"中的所有人。

当你使用"聚集、请求、行动"的方法时，我建议你永远不要停止提出最重要的请求：提出问题。一旦人际关系达到一个层次，你准备好提出请求，请记住你有方法可以让对方更容易地接受你的请求。要么你能让他们轻松地说出"好的"，要么给他们提供选择（对方可能同意的 3 个选项），要么让请求看起来非常容易（举手之劳），这样你可能不仅可以得到你想要的东西，还能加深关系，因为双方都会为此高兴。

第八章

完美呈现：任何时候都泰然自若

即便对方心里有所准备，处事泰然自若，一篇准备充分的演讲，也有可能因为过于突然而使对方略感惊恐。但是做好这样的准备，可以让你在任何情况下都能顺畅地讨论你的工作，无论是在晚宴之上，在杂货店排队时，在你最喜欢的社交媒体频道上，还是在面对首席执行官的圆桌会议上。

转换思路，并非事事皆需请求

设想一下这些场景：你已经与对方联系很久；或者已经找到了需要说服的对象；或者已经找到了适当的人给你写推荐信，为你介绍你渴望的工作；或者你已经娴熟地掌握了请求对方帮你一个"举手之劳"的方法，也明确了需要建立关系的潜在合作伙伴。这时候可能你需要雇用某个团队成员，或者为你想创立的电视节目或博客找一位合适的制作人。也许你已经找到了理想的对象，准备好向他们提出请求……但是还有一种情况是，你完全不需要提出请求。

在某些情况下，你确实需要提出请求。但是值得思考的是，你是否在遵循一套你认为自己需要遵守的规则、程序或者需要得到的批准，而实际上你需要的不是谁的批准或者资金的支持，而是勇气和斗志。

巴拉顿·瑟斯顿（Baratunde Thurston）是一位作家、喜剧演员，她说，在2020年3月加利福尼亚州封城前，她从纽约乘坐最后一班飞机返回加利福尼亚州，此后的一个星期六，一觉醒来，她脑子里出现了一个挥之不去的主题：封城的生活。她想做一个关于疫情的具有治愈性、互动性和参与性的节目，既要有教育意义，又要吸引人，还要由观众——身在疫情中的人来推动。如果当时没有隔离政策，她肯定能启动项目，获得所需的各种批准、人员、资金，完成制作、造型和化妆等。但是，在那个时期，这些显然是不可能的，她只能靠自己制作节目。最终节目的反响非常好，深受大家喜爱。她并没有按照常规，等待所有流程到位再行动，而是率先大胆尝试。

制作节目的过程中，她发展了出色的技术能力：编辑视频、声音和图像，还有各种她已经很久没有做过的事情。有时候，你会像瑟斯顿一样被迫要突破自我，进行创新，但是每次这样的情况都值得你思考：你真的需要提出所谓理想的"请求"吗？你其实也可以自己想出解决方案，并立即采取行动，这样会迫使你去学习与创新。瑟斯顿说，"在这6周时间里，我做的工作比此前4年都要多，过去4年里我无论做什么都需要等待高管的批准。"不要陷入此类事情之中，限制自己的想法和信念，用一些棘手的问题挑战自己，思考是否真的需要提出请求。

当然，如果你现在刚从大学毕业或刚刚参加工作，这种大胆尝试的做法对你来说并不会马上产生效果。瑟斯顿之所以能够创造一个成功的节目，是因为她在整个职业生涯中所积累的经验和专业知识。如果你是职场新人，保持颠覆性思维也大有益处。我们所熟悉的职场晋升通道正在慢慢瓦解，工作中许多应该和必须知道的内容仅仅存在于我们的头脑之中。我不建议你在大学毕业后或职业生涯的早期就放弃积累宝贵的工作经验，转头进行创新。我的建议是，考虑你是否需要获得许可，才能开展你热衷的项目，或者承担能够激发你灵魂的挑战。

搞定你的"4/4/4"

对于那些确实需要提出的请求，你该如何处理？提出请求的最佳策略是什么？是否需要考虑紧迫性等因素——你需要有人今天就来做社交媒体营销，还是可以等到下周？你需要别人今天就为你转发简历，还是仅需要关注哪些人可以帮助你推荐工作？你是要在名片满天飞的大型会议上介绍自己，还是想单纯地给别人发一封电子邮件邀请对方共进午餐或喝杯咖啡？你是否有资金为他人提供补偿或服务费？

我建议你搞定我称之为"4/4/4"的内容。首先是你一直在思索的宏观问题：未来4年你需要达成怎样的目标？其次，你在未来4个月需要优先做的事情是什么？最后，你在未来4个星期（甚至是4天）内最重要的事情是什么？当你提出请求时，在你踏入会议室、发送电子邮件或打电话之前，你一定要非常清楚自己想要什么，一旦进入活动场地，就要清楚地将其阐述出来。如果你的长期目标是消除贫困，你要始终把它放在心上：这个人如何能帮助我实现消除贫困的目标，他们能在哪一方面发挥作用？

从外界视角去思考

世界是如何看待你的？无论你是步入会议室与潜在的新雇主见面，还是登录在线会议进行销售演示，如果说世界对你的外表、声音或展示没有任何反应，那是不现实的。

"我很娇小，"瑟斯顿说，"面对对方要求的时候，人们会根据对方是谁而做出不同的回应。像我这样娇小的女人收到的回应，肯定和一个身材魁梧、声音低沉的男人不同"。这并不一定是公平或正确的，但这就是现实。有些人听到那位身材魁梧、声音低沉的男士说话之后，会想：他应该得到他想要的东西，因为你听听那个声音！即便是通过视频通话，他的声音都如此有感染力。如果同样的请求来自一位女士，则可能会被认为过于自大傲慢或野心过大。因此，你必须诚实地说明你的需求是什么，你请求得到的内容到底是什么——但是完全不考虑性别和其他决定你个性的因素，显然是过于简单化的处理。事实情况是，大家会对你抱有成见，如果你总是百分百诚实地说出请求，最终的结果可能并非符合你的最大利益。因此，明确你的需要，但同时注意表达需求的方式要富有技巧、不失优雅。

瑟斯顿说，我们总是觉得，一旦我们做过某件事情或读到过某些内容，我们就会认为自己已经掌握了它，其实我们永远无法完全将其掌握。提出请求或任何建立关系的技能也是如此，我们必须一遍又一遍地对其加以练习。

设想一下朋友可能会如何看待你请求他们帮忙，然后去尝试一下，请求某人担任志愿者或提供某项服务。你可以与你的同事进行角色扮演，练习或者自己在镜子前面练习，可供练习的方式数以万计，然而实际结果和你预期情况一样吗？你会发现，某些情况下，你会搞砸事情。没关系。你可以跟你的表哥练习，跟你的邻居练习，总之，一定要充分练习。

想象对方给出肯定答复

有多少次，在与对方见面的时候，你都希望得到对方肯定的答复（是的，你被录用了；是的，我们可以满足你的预算要求；是的，这次出差由你去，并向董事会做报告）。无论是在你 16 岁时问你的父母是否可以开车出去，还是在工作中要求晋升，大部分情况下，我们总是会做出预期，但是想象中的场景却是自己被拒绝的情况。但是，如果我们想象我们会得到积极的回应，结果会怎么样呢？

罗恩莎·宾（Rhonesha Byng）是"女性议程"（Her Agenda）的首席执行官和创始人。女性议程是一家数字媒体平台，帮助千禧年女性缩小理想与现实之间的差距，平台也因此获得了一些奖项。宾大约在 15 岁的时候意识到她自己的人生目标是成为一名故事讲述者，但是她并没有等待谁的许可，也没有等到成年后才开始行动。她那时只是想："好吧，我想成为一名记者；我要去找某个名人，提出采访请求。"宾从小就被商界有权势的女性所包围：公关人员、编辑、媒体主管。小时候的她从来没有想过，大多数女性最终只能到达中层管理岗位，无法进入拥有巨大权力的高层岗位。随着生活经验的积累，她发现："《财富》杂志500强企业只有20多家的首席执行官是女性，这可不行！"随后她意识到：你不可能成为你未曾见识过的人。于是，她决定建立"女性议程"，她认为，如果她想创造更多有权有势的女性，不仅自己要成为其中一位，而且要向其他女性展现这些成功女性的风采，二者结合，才能获得成功。

正如特雷热博士在其关于倾听的研究中所指出的，提出请求的方式很重要。你说话的方式会影响别人听到你请求的感受以及回应的方式。如果你的请求是，"我知道我只有15岁，但是我只是想问一下……"，而另一种提出请求的方式是，"我是罗恩莎，我想向大家介绍您并分享您的故事，您有15分钟的时间吗？"二者得到的回应将会截然不同。你的请求应该是具体的、可衡量的和有时限的。比如你请求他们做什么，在什么日期之前完成，"您能在下周五之前看一下我的求职信吗""作为专业人员，您能否腾出10分钟，听一下我简短的介绍"……这些都是非常简单的请求，对方答应之后，你无须投入过多的时间和精力。无论你提出的请求是什么，无论你如何表达这些请求，你的态度必须坚定。玛吉·沃勒尔（Margie Warrell）在自己的著作《别再打稳妥牌》(Stop Playing Safe) 一书中，建议我们先设想一个理想结果，然后"自信而勇敢地提出请求，表明你对自己的价值很有自信"。

商业情景下需要进行等价交换，大家心知肚明。但是在人际关系中逐渐形成的可靠性，才让你有信心说"我感觉我们相处得很融洽"。你请求别人为你提供职位，购买你的产品或者签约成为你的客户，无论你需要什么，都应该令人感到这是自然而然的。如果你能做到，你的请求就不会被他人认为是不真诚的推销。在采访或会面结束的时候，如果你在了解对方这一方面已经驾轻就熟，完全理解了对方交谈的内容，也明白了你们该如何结合成一个星群，那么这时提出"你愿意和我一起开展业务吗"就不会令人感觉不适。

辛迪·雷夫（Cindi Leive）是一位记者、媒体领袖，她长期倡导提升女性地位。她是《魅力》（Glamour）和《自我》（Self）两本杂志的主编，是《纽约时报》畅销书《携手并进》（Together We Rise）的撰稿人之一。她认为，如果到了提出请求的时候，特别是对女性而言，"你应该明确、大胆地提出，不要不好意思"。她指出，虽然女性不应该陷入常见的性别陷阱——为提出要求而感到抱歉，但作为女性，应该在提出请求之前就与对方取得联系，建立真正的关系："如果你提出请求的背景是已建立良好的关系并且出于善意，那么你的请求得到肯定答复的概率将会大大增加。"

像喜剧演员那样掌控现场

喜剧演员非常擅长掌控现场状况，你不需要像宋飞（Seinfeld）、波勒（Poehler）或者前文提到的瑟斯顿那样诙谐风趣，但是喜剧演员的核心能力是掌控他人，特别是观众中每个人及整个观众群体的能量。

要掌握如何从观众的反馈中取得进步，可能需要多年的积累。

但是这种模式是你在面试、推销或提出请求的时候应该遵循的：观察你的沟通对象。无论你面对的是数以千计的观众，还是只是二人对坐喝杯咖啡：人们不喜欢只听不说。他们不希望感到自己只是你信息的接收者。即便你面对的是决定职业生涯是否能飞黄腾达的面试，你也应该让对方感到面试是一场双向对话。你交谈的对象应该是对话的积极参与者；他们想要参与进来，与你合作完成对话。毕竟，喜剧演员并非只是"表演"，你也一样。最伟大的喜剧演员善于迅速与观众建立联系，提出问题、倾听、观察、处理信息，并将处理后的信息反馈给观众，这也是观众喜欢他们的原因。这样，观众感到自己受到了关注，得到了理解；他们觉得自己了解了喜剧演员这个人。在商业活动中，也是如此：提出请求需要的是流畅的对话。

　　如果对方给予你的东西并非你想要的，如何重新规划、充分利用你得到的东西？反之亦然，如果有人向你寻求帮助（当然，如果能力允许，你会欣然答应），如果你不能给他们提供所需的帮助，你该怎么处理这种情况呢？这个问题又重新回到了此前我们提到的内容，重视每个人特有的能力和贡献，是我们在生活中必须学会的一种宏观思维。

适当强势，用好清晰而直接的沟通

　　除了期待对方给出肯定的答复，我建议大家以一种更加强势的方式进行沟通，这是针对大家在沟通中容易犯的另一种错误。出于一种错误的安全感，或者想要降低失败的可能，我们说话的方式会非常谦逊，甚至会进行自我贬低，这是常见情况。虽然在社交媒体上的自我吹嘘或自恋式的过度分享不会为你赢得任何朋友，但清晰、勇敢且自信地表达自己，一定能够帮助你赢得朋友。

罗恩莎·宾因创立"女性议程"而被《福布斯》评选为30名30岁以下的传媒业未来之星之一，她曾在美国全国广播公司纽约分部的新闻报道团队工作，因为其出色的工作而荣膺艾美奖。在进行介绍或者提出请求的时候，她不会羞于谈论自己的成就。相反，她的成绩重塑了人们对一位年轻的有色人种女性的看法，也让人们对她的能力与未来成就有了进一步的认识。任何女性有所成就的时候，特别是她们来自缺少话语权的社区，我们必须让大家知道她们的成就，这样下一代才能看到女性究竟能实现何种成就。

在涉及权力职位方面，所有女性的代表性都明显不足。罗恩莎·宾说，如果你对提出请求感到紧张，可以把自己从提出请求的情景中脱离，把注意力放回你的任务上。如果你的目标是"阻止出现有人无家可归的情况"，那么要求对方发送电子邮件以了解他们是否适合加入团队，或者看看对方是否愿意为你的事业提供资金，这样，提出请求就不再令人害怕了。如果你清楚你的目的，它将渗透到你的每一个请求、你写的每一个社交媒体帖子，以及你所做的每一件事情之中。

在任何关系中，清晰和明确的沟通都是非常有价值的。没有人能够帮助你得到你想要的东西，除非他们知道那是什么。即使你的请求在你自己看来是显而易见的，你也需要让对方清楚地知道你想要什么。我经常用以下几个表述来说明自己的目标，以此作为请求的开头。

"我需要从你和你的组织或公司得到……"

"我在推进这个项目，以下是我希望从中得到的……"

"这个职位非常适合我，因为我最终的职业目标是……"

当然，如果在交往过程中，你已经与对方建立了深厚的友谊，就不必如此公式化地提出请求。当关系深入时，请求听起来将不会那么突兀，对方也会欣然同意。

第九章

内向者同样可以是高效连接者

有一种情况屡见不鲜：我见到自己未来的客户或学员，他们的简历丰富精彩，计划无懈可击，甚至有可以改变世界的想法。然而，她（通常存在这种情况的都是女性）的行为举止却几乎掩盖了自己所有光芒。内向是真实存在的，虽然我本人很擅长沟通和社交，但我最高效、最有影响力的客户都很内向。你可能不相信，即使你不是那种能够走到 Salesforce 创始人马克·贝尼奥夫（Marc Benioff）面前向他索要一份工作或和他聊聊你的新专利的人，或者你不是会被宴会厅里 200 人参加的鸡尾酒会热闹的气氛所吸引的人，你依旧可以成为一名高效的连接者，并且能无往不利，战无不胜。

这个章节的建议适合所有人，因为即便你并不内向，在社交时也难免有感到不适或羞涩的时候。另外，无论内向的人是我们的客户还是我们的同事，我们总是会与他们一起工作，因此，有必要了解他们并为他们的愿景提供支持，这也将确保每个人都有参与感和话语权。

多年来，莎莉·库尔特·福特（Shari Coulter Ford）所具有的技能一直让我敬畏有加，我从认识她到现在已经 20 年了，现在我仍与她保持联系。她会主持执行团队会议，参会者几乎都是男性。她能够稳稳把控会议节奏和局面的原因恰恰是因为她在绝大多数时间里都保持沉默。我从她身上了解到了沉默的力量，并发现如果可以有效使用沉默，无论对方是你的上级还是下级，都会对你敬畏有加。

沉默是一股强大的力量，它会让参与活动的人猜测对方在思考什么。

内向者的竞争力

人们总是将社交焦虑或害羞与性格内向混为一谈。实际上，二者完全不同。内向和外向是指我们获取能量的方式：安静思考是否能令你重新充满能量？还是你需要通过与他人相处获取能量？像我这样外向的人，可以从别人的能量中汲取能量。一部分内向的人最爱独处，无须大量的社交刺激（social stimulation），但是另一部分内向的人还是喜欢和别人在一起——毕竟他们需要这种时间来补充能量。

社交焦虑与性格内向还是外向无关，社交焦虑源于对批评或评判的恐惧。无论性格是内向还是外向，都会受到社交焦虑的影响。我是一个外向的人，但有时我的脑海中同样会浮现一些令人恐惧的声音。性格内向的人不一定会对与他人相处感到焦虑，担心别人对我们的看法才是产生社交焦虑的原因，这一情况会发生在任何人身上，无论其性格内向还是外向。

回顾我的职业生涯，经验告诉我，成功人士并不限于那些口才出众者。事实上，健谈者时常无法领悟对方的谈话内容，但是通常在学校、职场乃至人们的认知中，我们都将健谈视为成功的关键。苏珊·凯恩（Susan Cain）在她的《安静：内向性格的竞争力》（*Quiet：The Power of Introverts in a World That Can't Stop Talking*）一书中指出，美国人生活在一种奖励外向性格的文化中，并将内向性格归为"介于令人失望和病态之间"。但内向的人往往是出色的倾听者，在建立人际关系时，深入倾听他人的意见十分有意义。

莫拉·阿伦斯-米尔（Morra Aarons-Mele）性格内向，但是她依旧非常成功。自1999年以来，她与一些世界顶尖组织和机构开展合作，在数字营销领域开展活动。尽管阿伦斯-米尔认为自己是一个内向的人，但是她依旧是许多人在交际艺术方面的导师。她著有《躲在洗手间里：如何在你宁愿待在家里的时候走出去》（*Hiding in the Bathroom：How to Get Out There When You'd Rather Stay Home*），正如书中所说，内向是一种能力，而不是不足。阿伦斯-米尔写作该书的目的正是分享其20多年来总结的人际沟通方法。在这20多年间，她这位自认为内向的人以适合于自己的方式建立了令人惊叹的商业关系网络。她说，关键在于辨别谁是对于你事业最为重要的人；谁能为你带来新的业务和客户；谁能帮助你在生活中开辟新的社交网络。有些人极富野心、希望拥有伟大事业，但又希望能控制好自己的工作以及与他人互动的节奏、地点和空间，米尔写作该书的目的正是为这样的人提供一些指引。

阿伦斯-米尔认为，内向的人不要试图改变自己的性格，不要费尽力气成为凯恩所说的外向的人，凯恩认为"拥有外向性格的最佳方案，是拥有无处不在的信念，即认为理想的自己是喜爱社交、出类拔萃、受人瞩目且依旧泰然自若的人"。她认为内向的人要相信自己的优势，即便不能成为现场最健谈的人，依旧可以将聚会的收获最大化（如果你想在聚会过程中躲进洗手间，她认为也是可以接受的）。

与超级连接者合作

对于那些对过度刺激敏感的人来说，最有效的策略之一是：与超级连接者合作。作为超级连接者，建立各种人际关系恰恰能体现我们的价值，让我们茁壮成长，所以我们喜欢"牵线搭桥"（我确实觉得在职业生涯早期，自己有点好管闲事）。当你结交了这样的超级连接者，你便可以咨询这样的问题："如果我想在时尚界谋求一份工作，我该与谁聊一聊？"充分利用他们的关系网络，这样你在建立人际关系时目标会更加明确，维护关系的过程会更加顺畅。

在《躲在洗手间里：如何在你宁愿待在家里的时候走出去》一书中，阿伦斯-米尔称这种技巧为"采用外向者"。但是我建议在她的基础上更进一步，与某位性格外向的超级连接者建立联系。挑一位认识你所处领域里几乎所有人的连接者，通过他找到目标领域的超级连接者，他需要在该领域拥有极度发达的关系网络。然后，你可以目的明确地利用他的社交技能，这样社交再也不会令你感到筋疲力尽。在进行活动之前，与你的超级连接者联系，了解你应该优先与谁建立关系。

洛伊丝·韦斯伯格（Lois Weisberg），堪称一位顶尖的超级连接者，是"我能提供怎样的帮助"精神的缩影。如果你能遇到她这样的人，一定要在社交活动开始之前与她沟通。马尔科姆·格拉德威尔（Malcolm Gladwell）在其著作《引爆点》（*The Tipping Point*）一书中指出，韦斯伯格在 15~20 个具有影响力的社区中，都称得上是超级社交专家。韦斯伯格与许多医生、律师、金融家、演员、作家和政治家交往颇深。韦斯伯格生活在芝加哥，她在当地闻名遐迩，因为她的能力可以完成、整合并促进政治、文化和经济等方面的工作，这些工作有助于芝加哥成为更好的城市，而且她做出这些贡献都是出于慷慨，源自真诚。2016 年，她以 90 岁高龄离世，《芝加哥论坛报》刊载了一篇题为《了不起的洛伊丝·韦斯伯格：一位知名的连接者，更是了不起的生产者》的文章缅怀她。

会面和联系服务于更高的目标——行动。是的，构建各种人际关系的目标是丰富和滋养我们自己的人生，但是更大的目标是让这个世界变得更美好。当然，这两个概念是相关的。如果你能像韦斯伯格那样回顾自己的生活并感到自己不仅建立了重要的关系，而且通过各种关系创造了一种艺术，解决了社会问题，帮助人们化解了困境，或者解决了世界迫切需要解决的问题，那么"连接"将转变为一件"生产"美好的事情，支撑你的人生，滋养你的心灵。

用好引导框架

如果你能设置一些引导框架，一些将活动组织在一起的结构，你便可以让参加专业活动变得轻松许多。有了引导框架，你将不再是跃入 300 人的"海洋"，然后径直"游向"洗手间的人。要做到这一点，我建议你和其他性格内向的人一起努力，在活动之前与他们联系，就你与他人的沟通计划交换看法，但是注意不要弄得大家精疲力竭。

还有一个建议是，三分之一原则：在二人的谈话中，你不必承担所有的谈话内容，甚至连承担一半都不需要，你的目标应定为三分之一（如果你性格外向，那么在交流时，你该从自己的说话内容中减去三分之一）。虽然性格内向的人可能会觉得社交活动令自己备感压力甚至不堪重负，但是若围绕活动设置好这些引导框架，他们的焦虑程度可以被大幅减轻。你的超级连接者是你最有利的武器，他们比你认识更多的人，也可以为你介绍相关的人。你可以更多地倾听，而不是承担起谈话的内容，这会让你在前往社交场合之前更轻松。希望你会更加享受社交。你只须确保你不会过于依赖你的超级连接者即可，否则社交将变得毫无意义。

敲定活动"三"部曲

阿伦斯-米尔还建议，在到场之前为活动设定一个目标。我推荐我所谓的活动三部曲：认识三个人，学习三个新想法，分享三点知识（在此之后，你只须与你的性格内向的伙伴进行目光交流，在聚会上畅享美食即可）。有了这个策略，你就有了明确的目标，也知道自己将从活动中获得的价值。

对于你该认识的三个人，你需要思考。比如，如果你想进入新闻业，你本该和在场的哪个人聊一聊？对于你的超级连接者，你需要问他们：这次活动我错过了哪个本应该认识的人？我应该和谁展开对话？即使实际上你出现在活动中的时间很短，一些经过深思熟虑的策略依旧可以帮助你在这段时间中造成影响。

独创性是你的超级力量

性格内向的人在很大程度上易受人误解且被周围的人们低估。整个世界的规则就是奖励典型的性格外向者：在学校、网络、开放式的平面办公区域、会议，甚至是各种线上会议中都是如此。但是研究表明，群体对话有时会歪曲我们的思想、意见和决定，让我们产生群体思维（groupthink）。

群体思维这个词是由社会心理学家欧文·L.贾尼斯（Irving L. Janis）在1972年提出的。它是一种心理现象，即群体中的人优先考虑在群体中达成共识，而不是表达他们的个人意见，无论是在办公室、家里，还是在陪审团中，当群体中出现群体思维时，那些有不同或相反意见的人往往选择保持沉默，更愿意与其他人达成一致。我们在很大程度上会受到身边人的影响，甚至发展到我们发现谁有吸引力就会甘愿受其影响的程度。心理学家贾米尔·扎基（Jamil Zaki）发现，如果你和一群人在一起，这群人认为某人的照片很有吸引力，那么相比其他照片，你也更有可能也会认为这个人很具吸引力。

　　想真正地、完全地不受他人影响地知道你对一个人、一家企业、一个理念或任何事情的看法，你需要时间静静地思考。这种思考方式是巨大的财富，需要善加利用。埃默里大学的神经科学家格雷戈里·伯恩斯（Gregory Berns）发现，当人们持有与群体不同的立场时，他们大脑中杏仁核的活动会加剧，而杏仁核是大脑中对"拒绝"敏感的部分。伯恩斯称这是"与众不同之痛"。凯恩说，在学校和企业中，你会因为合群和高谈阔论而得到奖励。但是性格内向的人具有的是原创思维和沉思的能力。

　　因此，无论你更喜欢以哪种形式为你的"电池"充电，无论你的性格是内向、外向还是既外向又内向，或者不完全是这三个选项中的任何一个，每一种性格都有其专长与价值，一个人即便不是现场人群中声音最响亮的那一个，也可以成为一位有深度的连接者。

第十章

让沟通真实而深刻

叮当的铃声、电子仪器的哔哔声、人们因激动而发出的呼喊声——这些声音在我们的生活中随处可见。我们生活在一个沟通永不间断的世界，沟通的渠道、跨越的时区甚至是使用的语言难以计数，令人头晕目眩。有无数的方式和工具（电话、个人电子邮件等）让人可以进行沟通，当然选错方式就会导致沟通不畅。我们会面临诸多挑战：你如何以一种高效但并不简短、生硬的方式进行沟通？如何使你的沟通真实而深刻，又不至于无意中跨越专业或文化的界限？你如何划分界限，一方面让自己拥有关键的私人时间，避免社交倦怠，另一方面也能让自己的时间更加灵活？想在这些追求中取得适当的平衡，需要优先考虑公开性和透明度，以及注重每个人的人性。要清楚，人际关系高于一切，包括我们与自己的关系。

按下通话键

就像我们不能总是在现实中见面一样，我们也不能总是面对面或通过电话交谈。出于这个原因，电子邮件是现实中常用的商业沟通模式，近 90% 的职场人士喜欢用电子邮件进行商务沟通。办公室工作人员平均每天会收到 121 封电子邮件。再加上协同办公工具里的信息、短信以及从各社交软件中收到的信息，难怪我们的倦怠感在加剧。

日常生活中充斥着海量的数字通信，随之而来的是各种造成误解的情况。数字通信是人际沟通的重要方式，但它就像人际沟通本身一样，也是一门艺术。涉及数字通信时，首先要考虑，简短的一通电话是否更加合适，需要讨论的内容是否容易激起对方情绪或容易引发激烈争论？在谈话中，你是否需要准确判断对方的反应？

我们看不到对方的手势、面部表情或动作，就很难在电子邮件或其他办公工具中分辨出同事的想法或感受。有人在电子邮件中写道"你没把那份报告抄送我"，你很难知道对方是感到沮丧，还是只是给你一个友好的提醒。行为科学家发现，一方面，在数字通信中我们总是对别人的意思做出错误的假设；另一方面，我们也会觉得在数字通信中可以更舒服地说出一些在面对面的谈话中永远不会说出的话，这被称为"网络抑制解除"。出现这一情况是由于我们没有看到或感觉到对方的反应，所以在电子邮件或其他在线交流中，我们可能会解除面对面交流时存在的抑制。在你写任何东西之前，比如一封电子邮件、一条短信、一条评论之前，问问自己，这是沟通该信息的最佳渠道吗？此外，我们也要考虑到对方在某一天收到的数字信息的数量：这条信息有发送的必要吗？如果这条信息能进一步巩固和发展关系，传达一些有价值的内容，或者消除一个潜在的误解，那么答案就是将其发送给对方。

贯彻"关系主义"

无论你与他人通过何种媒介沟通，都需要聚焦大局。在商业环境中，你与他人沟通时很容易受个人主义的影响：我与这个人的交往将对我产生何种影响？他们能如何帮助我？我，我，我。如果用关系主义的视角来看待沟通渠道、风格和信息，优先考虑的就不是人际关系的种类，而是它们的厚度和深度。这是出自《关系主义者宣言》的观点，该宣言出现在戴维·布鲁克斯（David Brooks）的《第二座山：为生命找到意义》（*The Second Mountain*：*The Quest for a Moral Life*）一书的结尾。

没错，你是一个个体，但并不孤独，你还是某个集体的一部分。工作的时候，各种业务和干扰会让你感受到压力，总是想快速地发送电子邮件和短信，你需要牢记关系主义的框架：怎样与对方沟通可以加深你们对彼此的付出，强化你们共同的目标和价值观？如何才能以一种充满美感又颇具深度的方式，为深入交谈、相互安慰的工作铺平道路？当然，并不是每一段关系都需要如此深入，但你在商业中的每一段人际关系，以及你主动进行的每一次沟通，都应该能加强你脑海中对方作为一个"完整的人"的观念。一定要抵制把沟通对象一概而论的冲动，不要仅把对方视为一笔交易或一张电子表格。我们的社会已经变得越来越个人化。驱动我们进行沟通的恰恰是我们的自我：什么对我有好处？解决这个问题最简单、最快的方式是什么？为了使人际关系真正变得深入和有意义，我们需要建立共生关系。

你写的任何电子邮件、文本或信息，如果没有当面传递，都有可能会被误解。当你不了解某人的个性时，如果你把他当作认识了几十年的同事进行交流，他会很容易误解话语背后的意图或意义。你可以很容易地看出你的兄弟在讽刺你，但很难准确地分辨出别人的讽刺。2005 年《人格与社会心理学期刊》（*Journal of Personality and Social Psychology*）上的一项研究发现，我们对于自己辨别电子邮件语气方面的能力过于乐观，实际情况通常与我们的自我认知相距甚远。在该研究中，参与者认为他们能准确地辨别出电子邮件发件人的态度是严肃的还是讽刺的，但他们判断正确的概率仅为 56%。这样的正确率和掷硬币决定结果不相上下。然而，该研究发现，当相同的信息通过语音传递时，判断的正确率跃升至 73%。雪城大学的管理学家克里斯汀·拜伦（Kristin Byron）说，电子邮件（或数字通信）中的误解通常以两种方式出现：中性或负面。通过电子邮件传达情感并非总是畅通无阻，所以在向同事传达你的感受时，使用"我很乐意……"或"……令我沮丧"这样的表述，效果将会更好。

对于敏感或重要的谈话，我们最好通过电话联系完成。如果你对他人发来的电子邮件感到厌烦，请思考上文中的内容，你会意识到自己可能误解了对方的意思。另外，记住当你向别人发送邮件时，可以随时询问收件人他们比较喜欢哪种沟通方式。

明确传达善意

你与你的团队、客户或同事之间似乎存在无数种沟通方式。但有一个事实永远不容忽视：用善意的方式进行沟通能有所回报。

心理学、领导力、管理学和神经科学方面的研究表明，我们在工作中与他人建立的关系和进行的沟通可以让我们产生意义感、快乐和满足感。很多人在上班时饱受电子邮件的困扰，唯有下班后才能快乐地与他人沟通，这完全没有必要。事实上，快乐与意义也可以存在于工作中，并非一定需要晚上回到家、踢掉鞋子、彻底放松之后才能体验到。

加州大学伯克利分校至善科学中心的埃米莉安娜·西蒙-托马斯（Emiliana Simon-Thomas）和达克勒·凯尔纳（Dachler Keltner）长期致力于研究工作中的幸福。他们发现，人们在工作中如何相互沟通对幸福有重要影响。西蒙-托马斯一直在为该中心开发一套名为"工作中的幸福科学"的在线课程。工作中，令人感到幸福的人际关系不仅使我们生产力更强、效率更高（促进解决问题的能力、生产力、创造力的提升，有助于职业发展），而且能提高我们在工作中建立积极关系的能力（这反过来又增加了我们在工作中高效工作的能力，创造了螺旋式上升的良性循环）。有效的沟通是幸福关系的重要组成部分，这并不奇怪。研究表明，大家会觉得在工作中感到快乐的人更讨人喜欢、更值得信赖、更值得尊重和关注。

为了提高工作和人际关系中的幸福感，西蒙-托马斯提出了她所谓的 PERK 框架，该框架包括目的（purpose）、参与（engagement）、弹性（resilience）和善意（kindness）四部分，可以帮助实现有效沟通。她的研究显示，带着善意进行沟通，无论是用电子邮件询问同事最近的情况，用短信问候，还是用聊天软件上的大拇指表情符号表示称赞同事工作做得好，都是一些很好的做法。很多人因为害怕显得不专业而不愿意使用表情符号，实际上，在正确的语境下恰当地使用表情符号，可以建立融洽的关系。特别是考虑到数字通信很容易被误解，积极主动地表达善意和感激之情绝对是正确之举。

不要削弱你的 E 力量

在使用电子邮件进行沟通时，要像用其他方式进行沟通一样清晰、亲切、简洁。它很可能会与其他数百条信息一起出现在收件箱里或手机的屏幕上，所以节约收件人的时间也是对他的尊重。但尊重和善意的沟通并不意味着你可以完全不考虑自己，你可以而且应该掌握你的权利。话语是充满力量的，你的词语选择可以放大或缩小这股力量。你可以使用认可、肯定对方的语言，但也需要注意保持自己的地位。

罗恩莎·宾（Roneesha Byng）建议用清晰、善意并且有力的方式进行沟通。她最近与心理学家丽莎·劳埃德（Lisa Lloyd）举行了一次网络研讨会，来提炼她谈到的沟通技巧。避免使用具有保护性的或弱化自己信息的措辞，这样会削弱你传递信息的力度。"差不多是……""我希望……""我觉得……"或"可能……"都是具有保护性的措辞，会"冲淡"你的信息。同时，我们还要避免使用"我会尝试……"或"对不起"这样无力的话语。在陈述信息时，避免使用这些疲软的词语，可以更加有力地传达信息，而且依旧为沟通留下宽广的空间。同时，我们也要避免那些没有必要、会削弱你信息的副词，比如"非常""绝对""完全"等。

如果你希望撰写一封有效的电子邮件，宾建议你的邮件中需要具备四个要素：问候，你是如何认识对方的，你能为对方提供什么好处，最后是简短结尾并署名。无论你发送电子邮件的目的是向对方做介绍，还是询问面试结果，或者联系团队中的同事，了解合作项目的最新情况，按照上述模式书写邮件都能让你的邮件更加专业而简洁，同时保留本就属于你的力量。正确地书写邮件的结尾非常重要，我经常看到同事们在没有向收件人提出任何要求的情况下用"谢谢"收尾。在没有提出要求的情况下说"谢谢"，比如有人会说"感谢您阅读本邮件"，这种表达方式缺乏力量，而且传递的并非自己希望传递的信息。我喜欢使用"热情洋溢的苏珊"来结束邮件，这种表达非常友好，同时也不失职业性，而且不会夺走我的力量。

当然，还有一个问题，我们在发送电子邮件之前都应该思考：我需要发送这封邮件吗？一通简短的电话或文字消息会是更好的选择吗？简单、简洁是沟通的关键——就像所有形式的交流和沟通一样，请谨慎使用你的电子邮件。

通过私信进行深入而真切的沟通

谈到建立重要关系的时候，人们对社交媒体总是有很多负面评价，甚至很多人觉得使用社交媒体完全是浪费时间。但实际上，Instagram、Facebook、领英以及其他社交媒体都具备发送私信的功能，如果使用得当，同样可以建立深厚的关系。美国有线电视新闻网记者、主播布鲁克·鲍德温（Brooke Baldwin）此前不幸感染了新冠肺炎病毒，她表示自己在社交平台收到的各种私信成了她患病期间的支柱，帮助她渡过难关。

当你把一个人看作一个真实而完整的人，而不仅仅是一个数据点、一笔交易或一件完成销售的工具时，你才能建立真挚的关系。让鲍德温体验到与朋友和同事之间这种关系的原因是她生病后展现出脆弱的一面，并分享了她与疾病斗争的痛苦经历。她敞开心扉，表明她不仅是一名广播电视记者，也是一个会生病、会悲伤、会感到恐惧的人，是一个需要人际关系才能生存和发展的人。在与人沟通时，你需要将对方作为立体的人来看待，把他们视为他人的女儿、某人的朋友、一个经历过悲伤、损失、恐惧、胜利和喜悦的人，使用哪种沟通媒介其实并不重要。

从另一个角度看，数字关系也可以创造一种虚假的亲密感。如果我们在网上关注某人，我们可能认为自己已经对他有所了解，但其实我们了解的是他们公开的信息，包括他们在社交媒体上分享的图片，以及被媒体提及、领英简历展示的与个人相关的各种信息，比如他们在哪里长大或上大学。虽然这在建立最初的关系时可能很有用，但如果我们按照这些描述来勾勒整个人的形象，就会误入歧途。

斯泰西·伦敦（Stacy London）是一位造型师、作家、杂志编辑，同时也是时尚节目《穿衣禁忌》（*What Not to Wear*）的联合主持人。她认为我们在使用数字手段建立关系时，徒劳无功或未能建立深厚关系的原因恰恰源于数字技术本身。斯泰西说，在现实生活中了解某人的过程不能操之过急——关系需要被逐渐培植才能开花结果。如果我们揠苗助长，产生的"亲密感"或者建立的"深厚"关系可能只是一个错觉。建立关系需要时间，如果不能面对面地沟通，那么我们可以用技术手段来弥补缺失的信息，但是技术手段不能加速亲密关系的建立，也无法催生深厚的关系。

只要你保持"真实"，最终总能建立真挚的关系，没错吧？伦敦商学院组织行为学教授埃米尼亚·伊贝拉（Herminia Ibarra）认为，结果可能并非如此。"真实"已然成为人们热议的话题，但是到底如何定义"真实"呢？伊贝拉是"全球 50 大管理思想家"之一。她的 TED 演讲《真实性悖论》（*Authenticity Paradox*），以及《哈佛商业评论》上一篇同名的文章发人深省，二者都提到了一个令人惊讶的概念："真实性"这个词本身可能只是一根我们不愿撒手的拐杖罢了。

她认为，我们过于狭隘或僵化地定义了"真实的自我"以及它所代表的意义，二者都会成为我们停留在舒适区的借口。对"我们是谁"的看法过于简单化，会限制我们的影响力。我想说的是，其实这还会限制我们走出舒适区，以及与他人沟通的能力。伊贝拉认为，当自我意识受到挑战时，我们在学习方面可以拥有最多的收获。我们需要把自己看作一项正在进行且尚未完工的工作，我们的自我认同是不断发展的，我们既可以坚持真我，也可以通过让自己参与可能不舒服的对话和交流，走出舒适区，去学习、去成长。"真实"并不总是意味着"舒适"，而这正是问题的关键。

在鲍德温的案例中，她利用社交媒体来记录她的病情，因此，社交媒体成为她与外界联系的渠道，与外界连接的纽带，帮助她在患病期间突破无法与人面对面交流的障碍。她说，突然成为大家关注的焦点对她来说是一种挑战，但同时也带来了转变和力量，对她今后的沟通方式产生了持久的影响。鲍德温说，生病的时候，布琳·布朗（Brené Brown）的话语为她注入了力量。布琳堪称讨论"脆弱"的专业人士，她作品中的一句话给鲍德温带来了巨大的安慰："**如果我们想体验亲密关系，保持脆弱是我们不得不承担的风险。**"

以加强关系的方式进行反馈

清晰、有效和真实的沟通还包括反馈，这是健康商业关系的一个重要组成部分。**建立人际关系的过程中同样需要"脆弱"：告诉对方你不喜欢他们说过、做过或创造的东西。**

如果我们能学会有技巧地表达难以入耳的话，同样可以产生亲切感、建立良好关系并得到他人的尊重。不妨认真回忆一下，想一想你是否得到过他人的反馈，也许其中一些还是你不愿听到的内容，但是最后你却对给予你反馈的人更加尊重，因为你知道说出这些话需要勇气。特别是对方有一定技巧且充满善意地传递这些信息时，给予反馈可以成为（这似乎与我们的直觉相反）通向更加亲密关系的大门。

乔治敦大学麦克唐纳商学院的商学教授克里斯汀·波拉斯（Christine Porath）著有《掌握礼貌》（Mastering Civility）一书，书中讲述了细小的尊重对方的行为会随着时间的推移而累积，它们不仅可以帮我们建立信誉，还能夯实人际关系的基础。向人们提供需要分享的消息时，如果以尊重对方的方式进行，可以进一步巩固二人之间已经存在的尊重。绝不能以粗鲁无礼的方式提供反馈。波拉斯指出，工作场所的无礼行为不仅会破坏人际关系，而且会降低我们的生产力和工作效率。简而言之，同事之间不和谐或不礼貌的行为会损害所有人的利益。因此，我们在提供反馈的时候，需要以一种可以促进人际沟通而非破坏人际关系的方式进行。这样做，你会有意外的收获：赞赏。

如果你需要给别人反馈，要以加强关系的方式进行。弗兰·豪泽建议以一种既亲切又直接的方式进行沟通。豪泽说，善意的沟通能够促使对方接受意见，而直截了当地沟通可以确保对方理解你给出的反馈。斯泰西·伦敦建议在提出建设性的批评时，要着眼于创造，批评的目的是创造出某些新的内容。斯泰西表示，如何判断她自己的工作是否有效，判断的标准是看她是否在帮助别人去设想他们的未来，创造他们想要的生活——而不是她希望中别人的生活。也许，她在帮助他人查找盲点，向他们展示他们自己无法看到的东西。而这正是有效反馈的目标：给他人提供信息，这些信息帮助的对象是对方，而非你自己。这一判断标准仿佛一个"晴雨表"，可以衡量你的反馈是友好善意的还是粗鲁无礼的。你表达自己的反馈的方式是为了让你自己感觉更好（很可能是在你们沟通的那一刻），还是为了帮助得到你反馈的同事、导师或面试者？

如果你能以后一种方式巧妙地提供反馈，反馈对象会感到他们正在接受朋友的鼓励，或者得到了能够帮助他们成长的独家内部消息。这就是黛西·奥格-多明戈斯（Daisy Auger-Dominguez）所说的，实施引导（calling in）而非喊出（calling out）。所谓"引导"的做法，即把某人引入一段对话之中，就你想让他们注意的事情进行交谈，而不是直接说"嘿，你做错了"，以惩罚性的方式冲着对方"喊出"。

奥格-多明戈斯拥有令人印象深刻的职业生涯，她一直在研究职场文化等方面的内容，寻找相关的解决方案。她出生在纽约，父亲是多米尼加人，母亲是波多黎各人。过去 20 年里，奥格-多明戈斯为谷歌、沃尔特·迪士尼公司、穆迪公司和现在就职的 VICE 传媒等公司设计并实施了多样性、公平性和包容性战略。她认为，我们生活在一种"删除文化"中，如果你不喜欢别人说的话，你可以直接把他们从你的生活中"删除"。但她建议本着利于建立关系的精神与人沟通，比如可以说："你做的事情令人不快，但是我并不打算惩罚你，我只是想告诉你，让你意识到自己的错误。"

奥格-多明戈斯表示，我们沟通的目的是和谐相处，而不是报复对方。当你以她建议的方式向某人提供反馈时，你可以说出任何你想说的话，而且反馈对象也明白你希望建立而非撕碎亲密关系。

不要排他或者抱有偏见

即使你尽你所能做到真实，以善意的方式从人性的角度与人"连接"，沟通之中发生错误依旧在所难免。现实情况是，我们内心总是存在偏见，而且有些偏见我们难以察觉、危害极大。

现在，现在，我们仿佛生活在彼此鼓励的信息气泡中，甚至可以从同一组原始数据中得出截然不同的结论，我们对他人、对数据、对自己的看法，往往会被误导。我们都需要尽可能地认识到自己存在无意识的偏见，必要时承认错误，适时进行改正，接受自己在这个过程中感到不适的感觉，努力摆脱内心的偏见。

珍妮弗·埃伯哈特博士（Dr. Jennifer Eberhardt）是斯坦福大学的社会心理学家，她在自己的著作《偏见》（*Biased：Uncovering the Hidden Prejudice That Shapes What We See，Think，and Do*）中写道，"追根溯源，偏见并非一种可以治愈或防御的疾病；它是一种我们必须理解和应对的人性"。有证据表明，意识到偏见的存在有助于减少偏见。研究表明，认识到人的特征是可塑的而不是固定的——人们的行为在某种程度上取决于环境情况——可以减少内心的成见。一系列的研究表明，增加积极的群体间互动，在不同社会群体成员之间发展个人关系，只要参与人地位平等、心意善存也可以减少偏见。

人们之间最大的痛苦是存在认知差距，而这种差距的一个重要驱动因素是，每个观点或论点最为极端的两种声音往往最为响亮，不一定代表大多数人的看法。重要的是，不要让算法和认知差距加深我们之间的隔阂。相反，如果我们能从人性的角度看待对方，而不是根据我们的工作或者网上的信息做出假设，或者如果我们能够了解对方，而不是根据他们做了什么或没做什么做出假设以此了解对方，我们就能弥合分歧，顺畅沟通。这并不意味着我们要在自己的价值观方面做出妥协，相反，正如报告所建议的，我们应该抱有的心态是"理解而非判断，开放而非教条，共情而非排斥"。

当涉及数字通信时，重要的是要注意这个人在讲什么"语言"。花时间和精力学习他们使用的术语可以表明你已经做过功课，传达一份尊重。例如，如果对方从事慈善事业，他们是否更喜欢使用"捐赠"而不是"赠送"这个术语。为了能够跟对方更好地沟通，学习对方的行话所做的努力也能得到显著的回报。当然，这需要时间和精力，这也是学习对方的语言如此有效的原因。

约翰·A. 鲍威尔（Johan A. Powell）和斯蒂芬·梅南迪安（Stephen Menendian）认为，**我们在 21 世纪面临的主要问题是"排他"**。所谓"排他"，是指人类总是倾向于把自己或他人归入各种社会类别，并认为自己所属类别的成员优于其他人。把任何一个人，同事、商业伙伴或其他任何人，归入"他者"的类别，就会产生猜忌、孤独、不平等和疏远。"排他"以及抱有"我们对抗他们"的心态是人类的天性，会一心态导致关系的疏离。

露丝·安·哈尼施（Ruth Ann Harnisch）是投资家、活动家、慈善家，还曾经做过新闻主播和电台脱口秀主持人，她认为我们不该给人随意分类，而是应该将和他人的关系视为独特的实体，如同指纹一般独一无二。哈尼施说人类喜欢概括和分类，但是当我们对人进行分类的时候，唯一的分类规则就是没有规则。每个人对事物的看法以及沟通的方式都是独一无二的。为了解决这个问题，你应该不断要求对方进行说明。询问对方应在何时展开对话以讨论困难的问题："什么时候适合和你谈论这个问题？"这样可以减轻对方的压力，他们不会被迫进行自己毫无准备的对话，讨论某个难题。你让他们知道，你想谈论困难的事情，但你把讨论问题的时间交由他们掌控，你也可以使用这种技巧来加深关系："你对与我建立有意义的关系感兴趣吗？你对此有何展望？"

划定界限，照顾好自己，避免倦怠

根据世卫组织定义，倦怠是一种状态，包括因为工作产生的与他人的心理距离感、消极甚至愤世嫉俗的情绪。具有讽刺意味的是，不间断地处于"开机"状态并与他人进行数字沟通会导致倦怠，加剧孤立感、疏离感和孤独感。如果你感到不堪重负和精疲力竭，其实是大脑在发出信号，告诉你一定要照顾好自己，划定一些界限。这样做会使你的工作效率更高，也更快乐。

社会心理学家、组织行为学家和人力资源专业人士表示，越来越多的人正在受到与工作有关的倦怠的困扰。三分之二的专业人员说他们曾有过此类倦怠的经历。如果你别无选择，必须不断地"开机"工作，重要的一点是你要有意识地注意自己的"关机"时间并且对此保持警惕。

哈尼施说，你最终需要建立的最值得信赖的关系是你与你自己的关系，她建议你要成为你自己最信任的人。哈尼施每个月会花费一定的时间进行公益服务，在这些时段，她会拒绝其他的工作邀约。如果你与自己已经达成了协议，就坚持下去。如果你告诉自己，你将在周日保持"关机"状态，那就贯彻执行。如果这对你来说较为困难，那就从小事做起，逐渐改变。你应像对待陌生人一样与自己建立信任，相信自己会坚持到底。哈尼施建议从一件易于实现的小事开始做起，这样就不会失败，随着时间的推移，你将成为一个从不失信于自己的人。

有疑问时，不要惧怕"过度沟通"

如果二人之间的关系非常融洽，大概率因为关系双方都善于倾听、善于分享信息和感受。你不妨回想一下自己此前商业关系的失败案例，它们可能存在的一个共性就是期望和现实之间存在差距。换句话说就是，沟通不畅。沟通的实际结果和预期完全不同。因此，需要通过"过度沟通"来弥补这一点，尤其是在当下，可以避免"沟通线路"彼此纠缠甚至是更糟糕的情况——断裂。

美国记者劳里·西格尔（Laurie Segall）在业内颇为出名，她曾采访过马克·扎克伯格（Mark Zuckerberg）和蒂姆·库克（Tim Cook）等科技界领袖，并曾担任美国有线电视新闻网（CNN）的高级技术记者和特约编辑，在职时间长达十余年。后来西格尔创立了一家探索科技和人性交叉领域的新闻及娱乐公司（Dot Dot Dot）。她认为，如果想建立有意义的商业关系，秘密武器就是找到人性层面的相关点。写作本书的过程中，我采访了许多人，包括西格尔在内的所有人都指出，过度沟通至关重要，因为我们存在的问题往往是沟通不足。

西格尔指出，在线交流并没有提供明确的交流方式，因为屏幕和镜头并不适合展现沟通双方的人性。所以经常发生的情况是，通过视频会议、文本或电子邮件，沟通的语境会丢失。因此，过度沟通是非常重要的——使用表情符号来说明你说话时的感受，并重申你的意思，即使你的意思已经非常明显，过度沟通也比沟通不足好。西格尔还指出，数字通信并没有为偶然性和快乐孕育空间。例如，在一个在线会议中，你没办法像线下会议那样转头就跟同事私聊——你们私下的谈话可能会极具创造性，可以启发另一个主题或项目。

西格尔还表示，她对于职场中的数字化沟通颇感担忧。因为女性不可能像男性那样大声说话，或者可能不像男性那样强势，通过数字手段进行沟通的时候，这些特征在镜头下又会有不同的表现。

当我问及她对于"过度沟通"的建议时，她表示：

> 有时候，我会给对方留下语音备忘录。我希望通过一些方式，让数字信息在传递过程中不丧失"人性"。现在"人性的意义"已经成为热议话题，各种观点可能会在后疫情时代对世界产生颠覆性的影响。我认为科技将在其中发挥非凡的作用，我期待着在塑造有关人性的故事时能注重一些细微的差别，抱着谨慎的态度，从道德的角度来探讨人性的问题。

西格尔在 Dot Dot Dot 公司正是这样做的。该公司旨在研究技术对人类的影响，以及人类与技术本身存在怎样的关系。西格尔指出，人类现在使用技术进行对话的方式是破碎的——这个领域有着巨大的创新空间。此前西格尔经常会报道科技相关的内容，她发现科技已经成为人类日常生活中不可或缺的一部分，但与此同时她也发现了一个缺口——人情味的丧失。她的公司目前正致力于开发名为触觉技术的产品，"触觉技术，"西格尔解释说，"顾名思义，我们希望能够利用它提供触感，代替真实的触摸。"

科技可以成为治疗疾病的良方，也可以成为困扰人类的顽疾——关键在于我们使用的剂量和方式。我们是用它来增加沟通的深度和广度，还是把它作为孤立自我的工具？人类喜欢多巴胺的冲击，所以问题的关键在于我们如何抵制冲动，不要以伤害沟通的方式来使用这一工具。

西格尔还说，在美国有线电视新闻网工作期间，一路走来，她从一个新闻助理晋升到高级技术记者，许多成功都源自简短的电子邮件和有趣的谈话，从某种意义上说，她和她的同事们一直在"过度沟通"。出现问题时，她会"过度"澄清；她还会利用空闲时间与其他编辑"过度"交谈，更好地了解他们并向他们学习。西格尔说，她经常去拍摄嘉宾所在的控制室，与控制室里的团队成员交谈；她还经常利用空闲时间与一位编辑待在一起，看他如何开展自己的工作。如她所说，"正是这些充满人性，又与业务密切相关的对话，让我成长和成功"。

"请求"部分回顾：让关系变得更深刻且有意义

在本书的第二部分"请求"中，我们介绍了如何进入建立更深层次、更有意义关系的第二个阶段。在第一部分"聚集"中，我为大家奉上的建议是将更多有影响力的人带入你的世界，并介绍了具有创造性和主动性的方法，而在"请求"这一部分，我希望你可以学会如何将一种关系从偶然或一次性的"认识"，变为更深刻和更有意义的关系——可以持续一生的关系。

我给出的第一条建议，也是我最喜欢的方法，就是提出请求。"我能提供怎样的帮助？"此话一出，会立刻改变沟通中的情势。这种方法可以转变你的看法，促进学习；可以化解对失败的恐惧，因为当你帮助别人时，便与"成功"或"得到什么"无关，与之相关的是你可以提供的专业知识或经验。请记住，提供帮助并不是为了取悦别人，我鼓励你以使自己充满活力的方式来提供帮助。

第二条建议是，了解对方。因为对方可能会成为你生活中极具意义的一部分。倾听他们，理解他们的建议和谈话，接受他们的建议和推荐，形成人际关系闭环，建立信任，坦诚相待。如果你参加的活动或聚会人数众多，或者你的性格比较内向——建议你使用本章提供的策略，如寻找超级连接者或提前准备好活动的应对方法。给自己准备好助力的方式，比如找一个伙伴一起参加（你的超级连接者就是一个很好的伙伴），或者带着明确的目标参与活动，就像我所说的活动"三部曲"：认识三个人，学习三个想法，分享三件事情。

第三条建议是，无论你是请求对方给你提供工作机会，还是向对方提出请求帮助你更深入地了解某人，你都应学会换位思考，让对方可以轻松接受你的请求。你可以用一些策略让对方很容易就答应下来，比如把自己的请求压缩为举手之劳，或者提供别人可以帮助你的三种方式供对方选择。

当你在生活中想加深关系时，不妨拿起电话。对人应态度友善，当有疑问时，要"过度沟通"并请求对方把问题说清楚。是的，在紧要关头，社交媒体也可以成为一种加深关系的方式。只要真心实意，即使是在社交媒体平台上发送一条简单的私信："还好吗？有什么我可以做的吗？"也可以发挥作用。

第三部分

行动：赋予关系深度

焦点：将沟通变成有意义的行动。找到能够激励你自己的事业，让你的业务不仅仅聚焦于利润和结果。

你可以通过各种活动建立新的人际关系，比如参加志愿者工作、自己主持聚会，甚至利用好视频会议中的快乐时光。接下来该怎么办？你如何才能够将这些关系从"认识"的层次提升到有意义、有深度的层次？你可以通过在一段时间内持续采取几个小行动来实现关系的升华。

第十一章

跟进的艺术

对于任何有意义的关系来说，赋予关系深度的都是建立关系的目标。我们的时间、精力和资源是有限的，并不是每段关系都要有深度。然而，任何可能催生合作，在业务和生活上可以帮到对方的关系，都值得进一步推进。大家经常问我：怎么做？你如何做到这一点？你如何做到可以不尴尬或生硬地加深商业关系？你如何将肤浅的关系转化为有意义的关系？

人际关系是一种社会、情感和物质投资。你必须有选择地将你的精力投入其中，确保你的精力有的放矢，物尽其用，避免倦怠。

你可以使用一些简单的技巧和策略，让关系更具活力，不再死板或令人痛苦。想一想你曾经发给别人的那些邮件，里面的内容仅仅表示"我想使我们的关系更进一步"，是不是感到不寒而栗？你的目标是通过发送信息或其他行动，将关系从单纯的认识（仅仅拿到了对方的名片、个人资料、社交平台账户等）转变为真正的人际关系——更深层次的、有意义的关系。但是，到底是什么让一段关系从双方第一次握手、碰拳、打招呼转变为长达几十年的密切关系呢？你需要采取许多细小但重要的行动。

连接第一条关系线

比方说，你在晚宴上遇到一位美国刑事司法改革方面的专业人士。再假设你是公共关系顾问，看似与美国的监狱系统毫无关系。你可能会觉得："嗯，那位研究刑事司法改革的人挺有趣，但是我们俩的工作内容并不会有交集。"这是大家常犯的错误。

我们遇到陌生人时，如果因为暂时看不到明显的沟通和合作机会而忽略对方，我们实际上错过了进行更深层次的沟通、建立更深层次的关系的机会。我见过很多人犯了同样的错误，就是对"一段关系最终能为自己提供什么"过于短视。不要对刚刚建立的关系持消极态度，当你第一次遇到一些人，特别是你感到彼此有联系的人，或者是有共同热衷的事业或目标的人，一旦关系的大门被打开，你应马上采取行动，加深这种联系。你们谈论了哪些内容？你们是否有共同热衷的事情？对方是否拥有你想学习的知识？认识对方之后要马上进行第一次跟进，以此巩固关系。除了"哦，是的，我们之前在一个晚宴上见过"这样的印象，你还应给对方留下其他印象。

下面是我喜欢发送的跟进邮件。

例 1

能够认识你着实令人兴奋。我对你在＿＿＿＿＿＿领域的工作非常钦佩，希望以后能进一步了解你的工作情况。如果有机会，我非常乐意为你及你的事业提供支持。

例2

很高兴在昨晚的＿＿＿＿＿＿活动中认识你！希望能与你保持联系。

例3

很高兴认识你！你的工作非常出色，我希望能够更深入地了解你，不知我能为你提供怎样的支持？未来几周，是否可以邀你一起喝杯咖啡？

例4

我在＿＿＿＿＿＿上读到了这篇文章，并且想到了你。很高兴认识你！希望能够保持联系。

发送以上邮件或类似邮件是我的日常做法，以此与生活中认识的人"串联"。我每天都会发布动态、在社交平台上点赞、发短信、打电话，甚至是发送普通邮件，让我认识的人知道我在惦记他们，我愿意与其保持更深层次的关系。这就像每天给花园浇水，滋养土壤。跟进不仅意味着推动业务发展，也意味着关心那些对自己的工作和生活都很重要的人。

认识之后马上采取行动

如果你们初次进行的会议、电话、视频聊天或电子邮件非常成功，或者你的演讲或工作面试非常顺利，或者从某种程度上讲你确定事情正在向前发展，此时千万不要半途而废。采取跟进行动不仅对加深刚刚建立的关系至关重要，而且对于工作的成功或把想法转化为现实也非常重要。在这一方面，很多人会犯一个严重错误：他们没有快速有效地跟进。

现今，沟通方式日趋多样，我们也会不断磨炼技能，知道哪种沟通方式最为行之有效。网上有很多相关文章建议求职者在面试后等待两周再发送跟进邮件，我并不同意这一看法。事实上，马上发送跟进消息可以让你从候选人中脱颖而出。所以，我建议你迅速向潜在雇主、客户和合作伙伴表明，你不仅认真，而且充满热情，因此会在见面之后立即给他们发送电子邮件。在他们常用的社交平台上进行联系和跟进，或者在手机上设置提醒，或者以其他方式采取行动，不要等着对方与你联系。如今，每个人都会接收和发送海量的电子邮件，我们能够保持注意力高度集中的时间越来越短。拉近跟对方的距离，可以确保你的提案或工作申请走出数字空间，成为现实。

每个人都想被关注

在每次会面的时候记好笔记，了解对方重视的内容。他们是否想雇用精通社交媒体的人才？他们是否提到你们共同的爱好或兴趣？他们今年秋天要去伦敦旅行吗？他们是否建议你听瑞贝卡·贾维斯（Rebecca Jarvis）的播客？把这些事情全部记下来。这样，你在跟进时，就可以对某一特定项目展开交流，证明此前你是多么仔细地聆听和关注对方。

你可以给他们发电子邮件说："伦敦之行如何？有没有在博罗市场①享用午饭？"这么做，对方会感到你记住了他、此前的谈话你认真倾听了。正如前面所讨论的，只有对方感受到自己被关注，你们之间的关系才会变得有意义，每个人都是如此。如果你注意到了他们工作和生活中的重要细节，就很容易做到这一点。

对方比赛胜利时与他们一起庆祝；如果对方过生日，一定要与之联系，表示祝贺；如果他们刚换了工作并且在公共平台宣布了这一消息，也要对他们表达祝贺；他们或他们的公司出现在了媒体的报道里，给他们发个短信，让他们知道你看到了相关报道。你还可以通过给其他人介绍这种方法进一步推广"跟进"的做法。

举个例子，我曾经为我的朋友帕维亚·罗萨蒂（Pavia Rosati）和杰拉琳·格伯（Jeralyn Gerber）举办过一次新书发布会活动，他们写了《如何不只做游客》（*How to Not Be a Tourist*）一书。该书介绍如何在世界各地旅行，以当地人而不是游客的身份欣赏城市和景点。活动中，我没有让来宾以寻常的方式介绍自己："你好，我是苏珊，我住在布鲁克林高地。"我让每个人分享一个世界上他们最想去的地方。有人说："我想去阿拉斯加"，也有人说："我刚刚去过那里"。每个人发言时，我都会记录他们的对话。第二天，我给每个人发了一封邮件，感谢他们的到来，庆祝这本书的发行，并且补充了下面一段话。

---

① 伦敦街头小吃集市。——编者注

我提到了每个人的"理想旅游目的地",这样大家可以重新认识彼此,并且跟进这种关系。我希望你们最终都能去自己梦想中的目的地旅游。这本新书及你们在活动中建立的新关系将帮助你们像本地人一样游览你的目的地。请尽情享受吧!

参加活动的人们纷纷跟进此次活动上建立的关系,谈话的内容不再局限于活动的内容,而是更多地谈论自己的情况,分享诸如旅行路线、对当地美食的见解、在当地的住宿地点,或者如何与年幼的孩子一起前往某地旅游。这次活动是在我家举办的,本来只是一次独立的活动,但是在我的鼓励下,大家的关系变得更加深入。我投入的时间并不多,每个人都感到自己受到了关注、得到了理解、内心充满感激。

如果你保持开放的心态,不要总想着只与那些可以"为你的企业做点什么"的人交往,那么你会收获无数不同的见解,收获无数学习和建立关系的机会。也许你刚认识的某个人正在倡导一项你想支持的社会事业。一旦改变了认知视角,开始以这种方式看待各种关系,你便能看到无限多的机会。

SCARF:安全感同样重要

戴维 • 罗克(David Rock)博士就职于一家神经领导力研究所并担任所长,该研究所是全球首家该领域的研究所,他们将神经学科学家和领导力专家汇聚一堂,为领导力发展建立了一门新的学科。

罗克博士和他的团队研究大脑，他创造了一个术语，叫作神经领导力（neuroleadership），指的是利用大脑科学的指导进行有效的领导。当然，对于领导者来说，与同事和团队成员建立关系可能是最为重要的技能。罗克博士和他的团队的发现证明了我一直说的，让人们感到自己被关注的重要性。在任何关系中，人们都需要感到安全，感到自己被关注，需要得到保障，这样才能放下防备，暴露自己脆弱的一面，展开人性层面的交流。要想让人际关系具有深度和意义，这一点至关重要。

罗克博士发现了许多商业关系中的细节，因为人际关系与人类大脑有关。作为人类，规避风险（看到老虎马上逃离）和接受奖励（糖真是美味）是我们的天性。我们现在知道了，社交体验也可以让人类感到危险（被排除在邀请之外，感觉自己受到了欺负）和得到奖励（收到邀请也是别人对自己的称赞）。

为了进一步说明问题，罗克博士和他的团队开发了与社会威胁和奖励有关的 SCARF 模型。SCARF 是人类社交体验中 5 个不同领域的英文单词首字母缩写的组合。这 5 个单词分别是地位（status）、确定性（certainty）、自主性（autonomy）、关联性（relatedness）和公平性（fairness）。研究表明，这些领域可以激活大脑中与物质奖励（如金钱）或身体威胁（如疼痛）相同的奖励回路。分析完罗克博士的模型后，我意识到感到被关注、感到安全和得到保障的主题与他的研究内容吻合。**地位**是指一个人对他人的相对重要性（感到被关注）；**确定性**是指人类渴望预测未来（感到安全、有保障）；**自主性**是人类对事件的控制感（感到安全、有保障）；**关联性**是人类与他人的相对安全感（感到被关注，感到安全）；**公平性**是人类对与他人公平交换的感知（感到被关注，感到安全）。

罗克博士和他的团队发现，有些人对于其中某个领域的重视程度远超其他领域。捕捉人们的关系需求对于我来说已经成为一种本能，如果你像我一样，那么你无须进行过多的分析便可以自然而然地感觉到：这个人喜欢拥有安全感；那些人面对即将发生的事情时喜欢感受到确定性。但有趣的是，罗克博士的研究结果指向的恰恰是人类最普遍的渴望，即人类渴望在人际关系中拥有安全感、感到被关注、得到保障。

通过研究罗克博士的模型，我们可以获得一些操作性强的方法，以加深关系，哪怕只是帮助我们与同事更好地相处。从社会需求的角度理解这个模型也非常有趣。在与人交际时，你最需要的是地位、确定性、自主性、关联性还是公平性？如果你感到与某人的关系出现了不稳定的情况，这一模型也可以成为排除关系中存在的问题的工具箱。你说的或做的某些事情是否冒犯了朋友或同事？SCARF 模型为我们提供了寻找原因的线索，还为我们提供了一些改善关系的思路：你是否有办法在关系中为对方提供安全感或保障，从而改善彼此的关系？罗克博士的研究做出了这样的假设：我们的大脑在社会互动中的行为方式是最大限度地增加快乐并减少痛苦。了解这一点后，我们得到的启示更为简单明确，即可以通过创造共鸣和心理安全来建立有意义的关系。

听从别人的建议，照做

告诉别人你会做某事（然后采取行动）是你证明自己值得信任的一种方式，也是让对方感到自己被重视的一种手段。但是，很少有人能认识到，如果别人给了建议或意见，你在此基础上采取行动非常重要，这只需要花费你几分钟的时间。

如果刚刚认识的人建议你在你公寓街边的餐厅点份鹰嘴豆泥，你应该照做。如此一来，你就获得了通过电子邮件与他们继续沟通的机会。"我很喜欢你推荐的鹰嘴豆泥，美味极了！"发一封这样简短的电子邮件可以把原本在情感上存在一定距离的关系迅速拉近为亲密关系。是不是经常有刚认识的人建议你读某本书？你可以去当地的图书馆或书店，找到该书，然后写信告诉对方你照做了，并且告诉对方你非常感谢他们提出的建议。是否有刚认识的人提到他们刚刚参加了某个播客节目？你可以收听他们参加的那一集，然后发一条短信告诉对方，或者在社交平台上分享并推广该播客——这也是更好的办法。这些行动不仅可以让你更好地了解他们的工作和个性，也为你提供了理由去跟他们联系。听完播客之后，你可以给对方发信息："该播客讨论了直接面向消费者的营销，内容引人入胜。我在这个领域有几位朋友，如果您感兴趣，我可以为您引荐。"这是你进一步编织人际关系网的开端。如果你选择在社交平台进行推广，你社交软件里的好友也可以看到，并且他们可能因此受益。

建立联系和关系时，人们会给我们提建议，我们会得到无数不请自来的提示、建议和推荐。在多数情况下，我们对这些建议置若罔闻。但只要你能做到，特别是在你希望与他人建立有意义的关系时，你应该听从你得到的建议，这样做是加深关系的一个好方法，对方会感到自己受到了关注。有研究表明，如果你不听从同事或联系人给你的建议，会产生负面的后果。我们经常忽视别人的建议，要知道，这样做可能会产生负面影响。如果你不打算采纳建议，就不要向同事或刚认识的人征求建议或提示（无论这件事多么微不足道）。

哈佛商学院发表的一篇论文揭示了9项研究的结果，这些研究表明，当有人向商业领袖征求建议而又不采纳这些建议时，寻求建议之人和提供建议者之间的关系会被破坏。这些研究表明，如果建议没有被采纳，建议的提出者不仅会与寻求建议之人保持距离，而且在某些情况下，他们此后会贬低这些同事，甚至选择结束彼此之间的关系。听从别人的建议，然后告诉他们你已经照做，是加深你们之间关系和信任的一个好办法。

向前推进关系

我们的父辈通过手写"想念你"的简短信件，以此来维系人际关系。今天，因为技术的发展，我们发送的各种"短信"也具备了即时通信的优势。

我喜欢在早上喝咖啡时发送这些日常短信。我会群发邮件，在社交网站上分享内容和点赞帖子、浏览新闻、寻找感兴趣的话题或我可以提供帮助的内容。这已经成为我每日清晨的"例行公事"（与此同时，我还可以陪我的宠物狗玩）。我还参加了一个相互支持的交流活动，这个活动一方面可以促进我公司的业务发展，另一方面可以使我自己保持头脑清醒。当我们所处的社区让我们感到身负重任，感到自己被关注、意见能被接受、做出贡献会收获赞赏——无论是大家的盛赞或某些人小小的肯定，我们都能够感到更有力量和能量，愿意继续付出、创造、采取行动、完成我们所爱的事情。

不管是像我一样在早上喝咖啡的时候，还是在晚饭后，我希望你能找到一种做法，每天去"跟进"你生活中有意义的人。事实证明，讨论的内容和做事的方法同样重要。是什么让人们拉近关系？在人际关系中，到底是什么催生了亲密性？研究表明，如果我们少参与一些闲聊，会感到更加开心。因为这样做可以让我们感到自己已经与对方建立关系或者催生了更深层次的关系的谈话并非谈论天气般的闲聊。

沟通的技巧不仅体现在跟进的过程中如何说话、倾听、发信息或写信，也体现在谈话的内容中。曾经有学者研究了人类日常谈话的内容（包括使用智能手机进行的谈话），结果表明，此类对话一共分为5种。研究结果发表在《传播理论》（*Communication Theory*）期刊上。研究称，谈话有5个不同的层次：缺乏人情味的交流；闲聊和叙旧；开玩笑或聊八卦；有意义的谈话；自我表露和与感情相关的谈话。与大家的猜测相同，就人际关系的深度而言，缺乏人情味的谈话带来的回报最低，而自我表露和与感情相关的谈话带来的回报最高。大家可以猜猜我们最常进行的是哪种谈话？没错，是闲聊。

其实我们经常进行的对话（"你周末过得如何""很好啊"）在人际关系中贡献的价值最少。原因何在？自我表露和与感情相关的谈话需要暴露自己脆弱的一面，这是我们许多人都在试图避免的事情。

　　了解沟通的不同类型及每一种类型对人际关系深度和质量的影响后，就需要你改变自己与人相处的方式。要根据情况改变沟通类型，寻求更有意义的沟通方式。

　　在生活中，当你按照自己的惯常方法跟进人际关系的时候，你要刻意地寻找方法与对方讨论在个人层面上有意义的事情，这样可以增加关系中的亲密感及彼此间的归属感。但要有策略：我们的资源有限，维持任何社会关系都需要成本，并非所有的社交活动都能满足我们对归属感的需求或加强彼此的关系。我建议你在工作面试或首次与对方沟通的时候也这么做。如果你能在不感到尴尬或勉强的情况下找到一种方式与潜在雇主谈论一些有意义的或与个人生活相关的事情，那么对方很可能会对你产生一种亏欠感，或一种亲情般的感觉，这样，他可能更愿意与你合作或雇用你。

　　在某些环境中，深层次的关系会自然而然地产生。我会尽可能多地让自己沉浸在这样的社区中，我建议你也这样做。从聚会到实体会议，再到 WhatsApp 聊天组，有些聚会就是能够营造一种彼此联系的感觉。火花夏令营（Spark Camp）就是这样的活动，我有幸参加过几次。《快公司》称之为"影响者的终极夏令营"，几位科技和媒体行业资深人士共同创建了火花夏令营，它聚集了相关人才，解决世界上最紧迫的问题和疑问，并发展有意义的关系，以激发亟需的行动。在火花夏令营，整个周末的活动都经过精心策划，旨在促成真正的关系。典型的火花夏令营活动，参与者可能包括企业家、风险投资人、媒体制作人、学者、作家和政府官员及记者，还包括一些艺术策展人、厨师和音乐家。火花夏令营的创始人之一是这样给我描述的：

> 在火花夏令营，人们会把自己放在非常谦卑的位置，破除所有沟通中的障碍，绝不会有人想"她是 CEO，我不能和她交谈"，每个人都直呼对方的名字，保持平易近人的状态。打破所有壁垒、障碍和偏见，参与者可以自如地谈论他们如何共同进行创新，活动经常会产生意想不到的惊喜。

即使你没有参加像火花夏令营这样的正式活动，也依旧可以创造自己的迷你版活动。在你的谈话中，最好是面对面的时候，你可以简单地选择用各种问题来编织一种深刻的关系。从本质上讲，你是在延续"让对方感到被关注"这一实践。以不同的方式询问他们你能如何帮助他们等问题，最好是面对面地进行，但在必要时，视频聊天、电话交谈和电子邮件也不失为深化跟进行动的良好途径。

在这一方面，需要磨砺的重要技能是展开对话的技能，内容必须不涉及商业内容或并非基于闲谈及手头业务。为此，我设计了一套问题，作为起跳的跳板，帮助你加深与他人间的亲近感。虽然提出这些问题需要一定的技巧（这些问题肯定不能不分场合地随便使用），但只要熟悉这些问题，你就能拓宽视角，知道如何与他人进行更深层次的对话。其中几个问题你甚至可以在求职面试或工作中的在线活动里使用，只要有技巧地使用，任何人在任何情况下都可以利用好这些问题。

下面的许多问题改编自《纽约时报》的"增加亲近感的 36 个问

题"，虽然这组问题以能够使对方坠入爱河而闻名，但其被收录在本书中并非出于这个目的，我们的目的是借此加深职业关系。

- 如果你能邀请世界上任何一个人作为你的晚餐客人，你会邀请谁？
- 你能否在3分钟内概述自己的整个职业生涯？
- 如果你能改变你职业生涯的发展方式，你会怎么做？为什么？
- 如果你明天醒来后能获得一种新的职业素质或能力，你会如何选择？个人素质方面又会如何？
- 有什么事情是你梦想了很久却没有做的？你为什么没有做呢？
- 在友谊中你最看重什么？
- 如果你和我要建立一段更有意义的关系，有什么重要内容需要我了解？
- 我想分享一下你让我感到敬佩的方面：_____。你钦佩我什么？
- 在我们沟通的过程中，哪些事情非常严肃，不适合开玩笑？
- 分享一个一直困扰你的问题，并征求他人的意见，看他们如何处理这个问题。

增加仪式感

　　每周二一起喝咖啡；每周六一起完成公路自行车骑行；每周三开团队碰头会……对创建有意义、有深度的关系来说，仪式感非常重要。我们需要与同事一起参与这些活动。你不需要讨好别人，但为了建立良好的关系，你确实需要从个人层面了解对方。特别是当你加入一个新的团队、在公司承担了新工作、在某个方面面临新情况时，积极主动地与你的同事建立联系大有好处。

　　你不必在这方面表现得虚情假意，事实上，也不应该这样做。邀请某人每月定期与你一起喝咖啡，可以是线上"云共饮"，也可以是线下碰面一起喝。留意他们在业务方面开展了哪些工作，定期为他们提供建议或帮助。这么做真的能让你们更亲密吗？相信我，会的。2014 年，《哈佛商业评论》刊载了一项研究，内容是，研究对象与不认识的其他参与者随着音乐打拍子。结果令人震惊：那些按相同的节拍和节奏与大家一起打拍子的研究对象与那些和大家不同步打拍子的研究对象相比，帮助自己伙伴的可能性要大两倍。无论是和一个团队、一个同事，还是一个潜在的合作伙伴，共同参加某种仪式可以发挥令人难以置信的作用，这是在彼此之间建立信任的一种方式。

　　埃里卡·凯斯温（Erica Keswin）是畅销书《工作中彰显人性》（*Bring Your Human to Work*）的作者，她是职场环境战略家，过去 20 年间一直与全球各行各业最具代表性的品牌合作。她在自己的第二本书《仪式感路线图》（*Rituals Road map*）中，谈到了如何在工作的时候建立有意义的习惯和仪式。凯斯温认为："仪式是有意义的，因为它们能为我们提供心理安全、目的和绩效。"而我想补充的是，当你与同事或团队成员定期进行这些仪式时，它们还会提供一种亲密感、凝聚力，并且加深彼此的关系。仪式可以促进和满足我们都渴望的归属感，特别是当有重大变化或转变时，或者当领导层发生变化、公司出现亏损时，保持原有的仪式可以为团队提供一种正常感、连续性和坚实的依靠。

在你与他人进行惯常活动的时候，要注意你所采取的行动是否能够让大家感到彼此的关系得以加深，亲密感有所增加，还是这些活动反而破坏了你渴望建立的关系，就像科技在沟通中经常发挥负面作用一样。为了解决这个问题，凯斯温建议我们永远不要忘记从个人层面进行思考：你跟进的对象在真实的生活中表现如何？某些事情虽然已经成为习惯（例如，每天发送短信），但这并不一定代表必须一直重复这些事情。每隔一段时间，重新评估你生活中的习惯和仪式感，并衡量它们在增加关系深度方面创造的价值。评估的时候，你可以问问自己：这个仪式的形式可以改变吗？例如，每周一次的团队视频聊天能否转变为每月一次的户外野餐？

找到对方的"首要区分因素"

我认为每个人都存在"首要区分因素"。在我看来，这一因素指的是每个人的专长或使他们独一无二的特长。例如，我的密友丽莎·威特（Lisa Witter）就有一个多年以来令我非常钦佩的特长——她高超的语言能力。她是我见过的最善于表达的人之一。这一特长使她能够吸引大量观众的注意，并让投资者相信她能够实现公司的使命，她因而能够筹集数百万美元。

当你关注关系的深度和质量时，请思考一个问题：这个人的首要区分因素是什么？在建立人际关系的早期，你努力了解对方的"颁奖词"，其内容无非包含几个要点，比如对方生活和工作的亮点。但现在，当我们想要更深入地了解对方，则应进一步思考，对方最独特的资产或特征是什么？一旦知道了对方的首要区分因素，接下来的工作就是提醒他们了解自己的首要区分因素。如果你在了解某人的特点之后能让对方清晰地意识到他们的特点，那么他们会永远感激你。你们双方都能获得巨大的回报。但是，如果你对对方的特点一无所知，说明你可能还不够了解对方，也可能是因为你根本没有提出正确的问题，或者在他们回答的时候你并没有认真倾听。

试着比较这两个问题："今天过得如何"和"如果让你用两个词描述今天过得如何，你会选择哪两个词"。《召唤勇气》（Dare to Lead）一书的作者布琳·布朗（Brené Brown）是业界鼎鼎有名的研究者，她让脆弱性（vulnerability）成为众所周知的术语。在疫情期间，她用上述第二个问题询问同事的情况。她会要求团队成员仅用两个词描述他们当天的感受。回答"今天过得如何"这一问题，答案只能是"很好"或"还不错"，但她的提问得到了各种答案，包括"疲惫""惊恐""沮丧""麻木"或"焦虑"。当然，她也看到了诸如"希望""乐观""感激"等字眼。我们可以看到，提出问题的方式非常关键。布朗通过提出正确的问题，更深入地了解了同事们的情况。在她的播客《解锁自我》（Unlocking Us）中，她说："我现在观察到的是人们矛盾的感觉和情绪，这是非常奇怪的事情。"事实往往如此。我们爱我们的家人，他们也会让我们感到沮丧。深深的爱意和强烈的挫败感确实可以同时发生。我们既可以对工作充满热情，也可以因为工作感到疲惫不堪。以上述方式与你的团队沟通时，注意专门留出时间，进行此类对话，可以加深彼此间的联系。

我认为，布朗的团队成员感到自己受到了关注，意见也能够被采纳，而且他们感到与老板的关系是有意义的、有建设性的，是可以展开合作的。在线上会议平台上，由于你无法阅读肢体语言，无法看到疲惫的眼神、开心的表情等细节，所以需要额外采取这种高情商、有意义的方式，以此来了解对方的情况。采取这样的方式，你关注和理解别人的机会将大大增加，你能看到每个人个性的细微差别，你会逐渐发现对方感兴趣的内容，看到他们的特殊性、他们的首要区分因素。如果你能将自己发现的内容告诉他们，特别是在他们遭遇挑战或难以看到自身的全部价值时，我向你保证，他们将永远不会忘记你对他们的帮助。

成为"万事通"

假如你刚刚进行了一次工作面试或与一位潜在客户进行了会面，过程完美无缺，但是，对方还是拒绝了你的应聘职位或开展业务的请求。对方不想成为你的合作伙伴，不想购买你的产品或不想雇用你。在这种情况下，就该放弃这段关系，继续前进了，对吗？我觉得这并非正确的选择。

除了找到一种方法让每个人感到自己被关注，你还可以做一件重要的事情，那就是把你遇到的每个人看作自己的老师。过去，人们普遍认为，深入研究一个学科（无论网球、金融还是脑外科）是通向成功的最佳途径。现在，研究已经表明，成为"万事通"也有益处。每个人都是可以与你分享某方面知识的专家，他们可能了解你一无所知的话题或者具备你并不具备的技能，他们不仅能够让你的事业受益，还能影响你的生活。如果你能保持开放的心态，接受对方与你分享的知识，你们的距离就会更进一步，你的专业技能也能得到磨炼。两百年前，人们普遍认可多才多艺的人，认为对很多事情都有所涉猎是一件好事，但现在情况似乎有所不同，社会已经变得高度专业化，形势也有了一些转变，社会学家们对此进行了一些研究。

大卫·爱泼斯坦（David Epstein）在其著作《成长的边界：超专业化时代为什么通才能成功》（*Range: Why Generalists Triumph in a Specialized World*）一书中提出了自己的观点，他认为专业化不是通往成功的最佳途径。一项研究发现，虽然在职业生涯早期就成为专才的人确实在大学毕业后迅速获得了经济方面的成功，但是在职业生涯后期才成为专才的人通过找到更适合他们技能和个性的职业，最终成绩会赶上前者。爱泼斯坦还发现，一系列研究表明，与钻研一个专业领域的同行相比，技术发明者通过在不同领域积累的经历，使得其创造力得以提升。他在诸多案例和研究中发现，人的经历覆盖范围广非但不是劣势，反而是优势。同理，广交好友也是一种优势。

爱泼斯坦所说的"范围"指的是我们经历的广度——可以为你在商业和体育方面的工作或努力增加价值，甚至在育儿方面也能发挥作用。人们喜欢与他人分享自己所拥有的知识和专业技能，你应该把每一个跟进行动都看作扩大自己经历范围的机会，即使对方与你的业务或寻求的职位没有关系。爱泼斯坦在他的书中提出，学习任何知识都不会浪费。从某种意义上说，我们的成长恰恰建立在学习到的一切知识之上。

我认为人际关系也是如此：**我们是我们曾经遇到的所有人的集合**。我们职业生涯中的各种人会持续拓展我们知识的广度，所有经历都有其独特的价值，即便是不好的遭遇。史蒂夫·乔布斯（Steve Jobs）对于自己的书法学习也有着类似看法。书法看似和乔布斯的工作毫无关系，乔布斯是科技界的偶像，在此之前，他在波特兰的里德学院参加了罗伯特·帕拉迪诺（Robert Palladino）的书法课，这门课一定程度上启发了乔布斯，从而有了日后苹果电脑优雅的字形设计。

2005 年，在斯坦福大学的毕业典礼上，乔布斯有过如下表述。

> 如果我没有退学，就不会选修这门书法课，个人电脑也可能不会有现在这样美妙的字体排版。当然，在我上大学的时候，我没想过把书法与电脑联系起来。但 10 年后回头再看，二者之间的联系非常清晰。

你永远不知道你的轨迹在未来将会如何发展，也不知道人生之中的各种关系和接触到的各种人、事、物会以怎样的方式影响你的职业生涯。不妨对各种可能性保持开放的态度，即使是那些拒绝过你的雇主或那些你没有立即看到联系的同事。一旦你的轨迹变得清晰，你会发现自己已经把看似无关的点联系了起来。

表达感激之情

回想你在虚拟场景或现实空间中结识的所有人，这些人包含教授、同事、朋友、联合创始人、邻居，甚至亲戚，把他们统统包含在你的统计之中。现在挑选一个、两个或三个对你的事业或生活产生极大影响的人，思考你有没有告诉过这些人他们在你生命中的重要地位（如果你已这样做过，不妨思考你已多久没再次表达这种感激之情）？想想其他关系，考虑一下你最近见过的某些人，你有没有告诉对方对于能够认识他你心存感激？你有没有尝试过给在工作或生活中帮助过你的人写一封短信？这样做不仅能加强你与对方的联系，还能让你感受到幸福和深层次关系带来的温暖与兴奋。我总是把邮票放在手边，这样，当我想到要给某个人写信时，我就可以随时将信寄出。

反过来说，当人们向你伸出援手时，要赞赏他们。如果他们为你做了什么，你有必要感谢他们。我们每天会收到海量的电子邮件，所以一张手写的短信反而显得"别出心裁"。它将增强你和收件人之间情感的连接。

永远保持好奇心

好奇心与心理、身体和情感健康密切相关。最近的研究表明，好奇心在我们的社会关系中也发挥着关键作用。好奇心强的人可能更容易与不同的人建立关系，因为他们有兴趣了解来自不同背景的人提供的产品或服务。但是，好奇心是可以习得的吗？我们能变得更有好奇心吗？

　　如果你在参加会议、活动或晚宴时将了解他人作为主要目标，也能产生良好的效果。如果我们可以在职场中学习更好的减压和提升生产力的技能，为什么不能学着变得更有好奇心呢？研究表明，从局外人的角度来看，好奇心强的人在与他人交往时常被认为更加有趣。首先，好奇心强的人确实容易成为更好的连接者。研究还表明，好奇心与亲密关系呈正相关，意味着它可能有助于促进亲密关系。正如《人性的弱点》一书的作者戴尔·卡耐基（Dale Carnegie）所述：你在两个月内因为对其他人感兴趣而交到的朋友多于你在两年内试图让其他人对你感兴趣而交到的朋友。

　　另一项研究发现，好奇心强的人可能更善于读懂别人。研究发现，好奇心强的人能更好地驾驭人际关系中的负面情况，将其视为需要解决的难题，而不是冒犯他人的理由。同样，好奇心强的人往往不好斗，也许原因同前。当你对接受不同的观点持开放态度时，就不会滋生那么多的敌对情绪。对于你建立和维护的每一段关系，都需要思考：有什么我可以学习的知识？如果你在参加某个工作面试，即便对方最终拒绝了你，你同样要思考：虽然面试失败，但是我学到了哪些新知识？我此前对哪些观点并不了解？如果你只是滔滔不绝地输出自己的信息，你不会了解对方的任何情况，而且也无法加深双方的关系。

　　无论你是第一次和某人喝茶，还是第 500 次，你都需要关注对方，关注他们熠熠生辉背后的原因。这样不仅会令对方感到自己得到了特别的待遇，而且你们将成为伙伴，共同开创闪耀夺目、颇具影响力的事业。

第十二章

财散人聚：在钱的问题上开诚布公

在有些情况下，金钱能够在一定程度上维系人际关系，这么讲可能令人感到意外。当我们谈论金钱，如给予、接受或其他有关金钱方面棘手的事情时，只要巧妙沟通，都可以为更加亲密的关系铺平道路。

首先，在资金方面支持自己关心的事业，可以建立有意义的关系。无论是进行小额捐款，还是对企业进行较大的投资，用你的钱支持你看重的组织和个人都是建立关系的一种有意义的好方法。并不是只有资金实力雄厚才能这么做，有时很少量的捐款就能让你与一个你可能会终生关心的组织联系起来，而且这一举动可以帮助你建立极佳的人际关系。同样，每一次你愿意就金钱问题进行的开诚布公的对话，其实也是深化商业关系，并增大其公开性和透明度的一种方式。当我们能够就难以解决或难以开口的事情进行对话时，可以产生亲密感，所以谈论像钱这样棘手的话题可以加深关系。

事实上，当我们希望对方提供资金，或向对方提供资金而讨论自己能从中赚多少钱，或讨论你提供的服务收取多少服务费这样的话题时，即使是最熟练的谈判者也会在这种话题中感到为难。

投资于人

十年前，我的父母离我而去，给我留下了一笔数量不大的遗产，因母亲不幸去世对责任方的集体诉讼也为我带来了一些收入，我意识到我手头有了一笔可供支配的资金。我不需要供孩子读大学，所以觉得可以用这些钱来支持女性权益工作，让妇女的声音影响更多人，并帮助其他有着同样目的的组织。

正如我一直所说的：如果你采取行动支持你关心的组织，这种关系就会自然而然地发生。如果你身边都是有共同目标和共同价值观的人，就会擦出人际关系的火花。多年以来我一直向非营利组织捐款，并且主动投入自己的时间参与他们的活动，现在仍然如此。我很快意识到，投资女性创办的企业也是支持女性的一种方式，而且可以进一步推动我所关心的事业。

根据风投研究中心（The Center for Venture Research）的数据，2016年，美国的天使投资人中只有26%是女性，少数族裔则仅占5%。我在研究过程中意识到，成为一名天使投资人不仅是支持我热切关心的事业的一种方式，而且能为妇女创造更多的就业机会——这一直是我看重的社会公益事业。

弗兰·豪泽是非常有名的投资人，当我与她谈及其事业时，她说，投资人的事业让她可以以此为手段，分享自己长期以来作为媒体业主管的智慧和专业知识。我开始进行投资的时候，设定的标准是只资助那些在产品或服务上进行创新的女企业家，并专注于那些不仅需要我的资金支持，还渴望我在人际关系方面提供建议的企业。

通过这种方式，连接的力量得以持续发力。多年来，我已经能够帮助大家建立关系，产生协同作用，帮助新兴的企业成长。我并不喜欢等着别人给我提供资金，我喜欢与大家分享我的商业知识，分享我建立的社群以及我的经验。即使我没有从这些投入中获得回报（当然，获得回报显然是我的目标之一），这些投入依旧让我认识了许多人，接触了很多成长型企业，获得了大量相关知识，最终带来了巨大的回报。从合同上看，我给这些女性创始人提供的资金可能用于招聘人才、建设技术平台或开拓新市场。但如果你询问一下我支持过的任何一位女性，我想她们会告诉你，对于我的参与，她们最看重的并不是钱，而是通过我们的联系发展出的更广泛的人际关系。

消除与金钱有关的尴尬

在谈论金钱和人际关系的对话中，另外还有一个导致尴尬的重要因素：大家会认为，由于我们的收入定义了我们的身份，所以我们需要抛开与金钱相关的自我价值定义。我认为恰恰相反，我们需要学会与朋友和同事谈论我们在社会工作中获得的报酬，这样才能确保关系的透明度并且获得跨行业的支持，因此我们应尽可能多地主动将人际圈中的人们聚集在一起，展开有关金钱的对话。

琳达·戴维斯·泰勒（Linda Davis Taylor）是一家投资顾问公司

的前首席执行官，她目前为《财富》杂志撰稿。她长期倡导女性的财务独立，并经常就财富和慈善事业的话题发表演讲。琳达是麦克弗森战略咨询公司的客户之一，我们帮助她创建了一些活动，类似于为慈善事业定期举办聚会或读书俱乐部，人们聚集在一起谈论与金钱有关的话题。这项活动将大家聚集在一起，讨论参与者的报酬情况，以及如何要求更多的报酬，这样做可以让日常被视为秘密的金钱问题更加透明。举办这样的活动，可以汇聚你人际圈中的知识与经验。让我们在追求个人财务收入的同时，建立追责机制，发现相关问题的根源。还能将连接的力量代入金融生活，让我们所在的社群建立信心和能力，哪怕这个社群仅有两个人。

下面一些建议可以帮助我们开启与金钱有关的对话。就像我们之前讨论如何加深关系的问题一样，这些问题非常实用，可以添加到你的对话工具箱中，在日常生活中引发更加深入和更有意义的讨论。

- 你在成长过程中建立了怎样的金钱观？
- 在财务规划方面，社会是否对女性有相关教育？具体内容是什么？
- 你是什么时候开始对管理自己的个人财务感到自信的？
- 你从父母或监护人那里学到的最有价值的与金钱有关的教训是什么？
- "足够"的钱是多少钱？如果有了足够的钱你会怎样生活？
- 你个人如何看待财富及个人的财富增长？

- 你对储蓄抱有怎样的态度？

- 你如何看待慈善捐赠？你对投资有何看法？

- 你是否有"未雨绸缪"资金和紧急资金？

- 你对欠债持有怎样的态度？

- 你对"挥霍"怎么看？

如何提出金钱方面的要求

例如，你的企业刚刚起步，如何要求对方给你资金方面的支持？首先，你需要思考为什么需要资金。一旦你建立了有意义的关系，特别是你已经建立了资助公司所需的各种关系，那么获得支持就变得容易得多。如果你已经把时间和精力放在了建立有意义的关系上，那么你在筹资平台上开展任何形式的活动都会更加成功。

投资之外

在写《友善女孩之谜》（*The Myth of the Nice Girl*）一书时，弗兰·豪泽重新建立了她所谓的"友善女孩军团"。这是豪泽以前指导过的一群女性，她把她们聚集在一起，将书中的信息传递给她们。这些活动发展成了指导课程、网络会议、社交聚会和研讨会。

这是一个非常好的案例，说明最初对于关系的投资可以生长、壮大，发展出丰富的内容——这些女性参与活动，与弗兰见面，以一种极为简洁却无比高效的方式认识了彼此，建立了关系，形成了

6~8 人的小圈子，而非仅仅是一对一的认识而已。这样一来，投资者和接受投资者，甚至导师和学员之间的关系就可以在你"预期"的关系形式之外延伸、成长和发展。这也是一个很好的例子，说明看似最好的关系方案（一对一），实际上可能并不是最佳选择。当你投资于自己关心的人和事业时，会产生很多结果，所以要对所有的可能性保持开放的态度。

第十三章

坚持参会，坚持创新

坚持参会是许多关于人际关系的指南书或文章里老生常谈的内容。本书中讨论的内容也印证了这句话：你永远不知道一段人际关系会有怎样的结果，而且时常会有意想不到的结局。但是我想给出更进一步的建议，我鼓励你不断推动自己对"会议"进行创新，尽可能多地参加各类会议（当然，不要搞得自己精疲力竭）。

继续对会议本身进行创新

虽然我确实认可"坚持参会"这一理念，但是我更喜欢的是可以持续对会议的形式或其应该有的形式进行创新。没错，一起喝杯咖啡是进行洽谈业务或对话的良好方式。但我认为，我们在如何以有意义的方式进行沟通方面仅仅粗通皮毛，特别是在涉及远程数字沟通的时候。

我们很容易陷入熟悉的社交圈或各种仪式性的活动，反复做着习以为常的事情。与此类似，我们也总是召开同一类型的会议，无法在社交方式方面做出创新。然而，人类非常善于突破限制因素，开展创新。2020 年，聚会和会议方式方面出现的创新浪潮并不令人惊讶。我鼓励每个人对生活和工作中的社交对象，保持开放态度并抱有好奇心，也要对我们看待彼此的方式保持开放态度和好奇心。

战略顾问普里亚·帕克（Priya Parker）著有《聚会：如何打造高效社交网络》（*The Art of Gathering：How We Meet and Why It Matters*）一书，该书广受好评。和我一样，帕克也是"连环连接者"，她的职业生涯致力于研究和理解人类连接的最佳方式。当我请她对我们在 2020 年发生的会议创新浪潮进行评价时，她是这样说的：

> "我们处于这样一个时刻，由于现实所迫，数以百万计的人正在使用各种沟通工具，然而这些工具设计的初衷并非是服务于现在的目的。线上会议软件最初只是一个商业工具，用于商业会议。但是，我们现在可以看到大家已经把它用于生活的方方面面。针对既有在线沟通工具存在的不足，也有很多新的数字工具涌现出来。"

每个人都有自己独特的能力和贡献，新的沟通方式或聚会模式也会带来新的机会，帮助我们了解人类在相关领域运营和发展的方式。虽然我不一定会使用新出现或将来出现的每一种沟通工具，但依旧对人类为了建立关系而创造出的全新沟通方式感到好奇，希望你也一样。除了我们已经介绍的几种最常见的媒体沟通工具，你是否知道还有数以百计的其他平台和工具用于人际沟通？如果你仅仅是因为最熟悉某种工具而一直使用它，当你知道另一种完全不同的工具可能会更好地服务于你的项目或社区时，你应怎么选择？

　　Commsor 是一个社群建设者的平台，其数据表明，在我们的生态系统中，大约 45% 的沟通工具出现不足三年，邮政服务、电子邮件、手机和短信等改变了我们的生活，让人类社交得到了更多的可能性，同时也带来了新的挑战以及断开连接的威胁。想象一下我们这一代以及未来世代可能面对的情况，我们需要在这方面进行创新，可以思考：我还没有做哪些事情？为什么没有以该有的方式去接触他人？无论你是相关技术领域的从业者，还是仅仅是一个技术的使用者，如何才能以最好的方式作为"人"出现在对方面前，是一个值得探索的问题。睁大眼睛，寻找新的连接平台，即使这些平台是新生事物或者并不受欢迎，也要尝试使用它们。

帮助你的邻居

　　在"一定要参加会议"的精神指导下，人们可能会认为你的"星群"只包括那些你在正式场合碰到的西装革履的人。你应如何对待你的邻居呢？你有没有想过他们可能能够为你提供商业帮助？有没有想过他们可以带你进入社交圈，方便日后进行专业方面的合作？

　　就像我说的，你永远不知道一段人际关系会有怎样的结果，不要害怕对传统会议模式进行创新，我建议大家也用自己犀利的目光探索生活中每一个可能进行变革的地方，寻求更富有成效的连接方式。你希望与那些住得离你最近的人建立关系，这合情合理，既然工作和生活密不可分，为什么不与邻居开展业务呢？不知何时，我们不再与邻居联系，在缺一杯糖或少一个鸡蛋的时候不再去找邻居借用。为了了解这种情况，我求助了 Nextdoor（美国邻里社交 App）的营销主管玛丽亚姆·巴尼卡里姆（Maryam Banikarim）。Nextdoor 是一个颇受欢迎的应用程序，可以让你与住在附近的人建立关系。首先，我很好奇 Nextdoor 因何诞生，以及它的诞生是否可以从某个侧面反映美国现在的邻里关系状况。我询问了巴尼卡里姆创建 Nextdoor 的动机，她是这么回答我的。

> 当时，Nextdoor 的一位创始人读到一篇文章，其中提到，皮尤研究中心的一项研究表明当时许多人一个邻居都不认识。他想，"太令人吃惊了，我怎样才能利用科技手段解决这个问题呢？"其他的社交平台希望你在平台上花费大量的时间，而 Nextdoor 与它们不同，创立 Nextdoor 的初衷就是让你认识到手机仅仅是一种沟通手段，从而帮助你放下手机，与附近的人联系起来，实现真正的见面。

因此，就像我们在本书中讨论的许多工具、项目、非营利组织和公司一样，Nextdoor 的创建是为了解决一个紧迫的社会问题，即应对邻里之间互不相识的情况——人们被分割开来，与自己的邻里没有任何往来。令人惊讶的是，即使在纽约这样现代化的城市，Nextdoor 作为一种社交工具依旧运转良好。

我让巴尼卡里姆谈谈她有关曼哈顿人际关系的见闻，她给我讲了一个故事。一位刚搬到纽约的女士在 Nextdoor 上发帖："我是巴西人，50岁。我是一位制片人，很难交到新的朋友——我真的想结识一些新朋友。"巴尼卡里姆说，到了周末，她的帖子得到了超过140个回复。回复中，有人提到自己在哪里健身，邀请这位女士一同前往，有的甚至提供了自己的电话号码和电子邮箱。这位女士只是通过Nextdoor平台提出了这样一个简单的请求，最终却培育出真正的友谊。巴尼卡里姆目睹这种故事一次又一次地在Nextdoor平台上上演。关注那位女士的邻居有100多个，谁知道他们之间的人际交往又催生了多少职业发展或专业项目呢？至少这位制片人初到纽约就清晰地感到自己得到了关注与支持。

Nextdoor上帖子的目的是将人们带入现实生活。现实生活中，有人可能将你与潜在的新雇主、新想法或完全意想不到的事物连接起来。值得我们思考的是，我们是否对我们生活中所有的可能性保持着开放态度，这些可能性又会孕育什么样的人际关系，是否有一些建立人际关系的途径由于这样或那样的原因而被我们自己封锁堵塞，随着时间推移而被我们拒之门外？当你建立自己的"星群"时，不要忘记那些住在当地的人。谁会不喜欢邻里关系和睦的温馨场景呢？即使你只是偶尔看到邻居开着吉普车驶过，或者穿着旱冰鞋一闪而过。

最有趣的关系往往源于偶然

我对"一定要参加会议"的看法与传统人际关系指南的典型观点还有另一个区别。我热切地相信日常生活具有力量和魔力——即存在美丽的偶然性和同步性。如果对建立人际关系保持开放的心态，即便是在急匆匆的购物过程中，你也能建立起人际关系。甚至当你去信箱拿取信件的时候，也会意外地建立人际关系，此类情况意味着在生活中你应该抱有"一定要参加会议"的乐观心态。我的意思并非让你一直处于寻求建立关系的状态，而是在你的脑海中，始终要保有迎接偶然建立起的人际关系的态度。

在大家建立自己"星群"的过程中，我鼓励大家打破所有的"会议"规则，如：你可能会与谁建立关系，如何建立关系，通过什么平台，什么时候能够建立关系。

事实上，最为有趣的关系往往源于偶然和意外。连接这门艺术也是我生活中最具吸引力和最令人兴奋的一部分，现在，我希望你也能感受到它的魅力并为之兴奋。你永远不知道在转角处会遇到谁在等待着加入你的"星群"——只要你能及时在那里出现并且保持开放的心态，就够了。

"行动"部分回顾：巩固你的"星群"

巩固你的"星群"的最后阶段取决于你的行动：也就是我在前文中提到的三个步骤中"行动"的部分。在人际交往中，"只说不做"是一种常态。要想在生活中，特别是在商业中建立有意义的关系，你必须完成相应的任务，这一点非常重要。无论你在什么地方以何种方式与某人建立了关系，你在认识他们之后都应立即跟进，加深关系。你可以只是写一条短信说，"希望能保持联系"或"我想关注一下你手头的工作，以进一步了解你"人们大多会乐于回应，并欣赏对方能够坦率、真诚地表达出自己的想法。

你的下一个任务是，帮助对方感到自己受到关注，使他们拥有安全感。如果你能发现对方的独特性，即我所说的"首要区分因素"，并向他们表达出你的想法，这将会给他们留下难以磨灭的印象。当你与自己"星群"的成员进行对话时，要不断寻找方法使对话更加深入。拒绝保守稳妥，拒绝闲聊；我甚至建议你应敢于谈钱。向他人提出更多的问题，比如"长期以来你尚未完成的梦想是什么"，这样可以增进亲切感，让亲密关系成为可能。最后，通过创造仪式、表达感激之情、保持好奇心，以及慷慨地提供支持，甚至用金钱来巩固关系，找到"星群"组合的最佳模式。

如果对方需要帮助，请果断伸出援手。世界上最美妙的感觉莫过于感觉到自己得到了认真的倾听、有力的支持、密切的关注和他人深入的了解。如果你能让自己"星群"中的人也有这样的体验，他们将会给予你回报，你们一同创造的"星群"模式将永远地流传下去。

后　记

正如我一直以来提到的，如果你能把本书中介绍的方法落实到生活之中，你的生活与工作都能向前迈进。无论是工作中还是生活中的人际关系最终都会汇聚一处，形成一个熠熠生辉的"星群"，使你感觉工作是有意义的，而不只是一份工作。

我的成功来自朋友的点滴帮助，如果能关注并珍惜人生道路上各个驿站所遇之人，你就能建立持久的友谊。无论顺境逆境，如果你能展现自己的人性、自己的脆弱以及自己的善意，人们都愿意给予你帮助。记住，**最重要的往往不是到达目的地，而是曾经走过的弯路。**

当我停下脚步，回顾一生中所建立的有意义的人际关系"星群"之时，我心中充满感激之情。对于那些给予我指导和支持的人，对于那些我帮助过和建立过人际关系的人，以及那些我尚未谋面的人，我都心存感激。每天，我都能真切地感受到生活中的这些人际关系，电话、邮件、短信、在线会议、在线聊天——这些沟通手段滋养着我。即便是普通的一天，我也能在生活中听到许多不同的人的声音。而每一次沟通都能给我带来幸福感和满足感。无论对于我个人还是对于这个世界，我感到我们一起完成的工作和我们维持的关系都有着明确的意义，所以我幸福万分，并且始终保持乐观。

完成本书的时候，我独自在家工作已经长达 7 个月，我意识到在这个非常特殊的时期，以虚拟的方式进行人际沟通已经成了我精神的营养来源，它们让我不断前进、保持希望，并保持专注。本书已经接近尾声，我希望最后再一次鼓励大家，坚持在正确的道路上走下去，服务他人，积极沟通，在社交中看重人而非利润。

本书也反复强调了我的人生哲学，即"工作即是生活，生活即是工作"。换言之，每次谈话、每段关系，只要是我投入时间的事情，其目标都是推动我个人生活的发展。我坚定地认为，在"工作中的苏珊"和"家庭中的苏珊"之间并没有界限，这使我能够在经历各种波折之后，依旧维持着事业的可持续发展，这也是让我对未来充满信心的原因。同时，我得到了放松、休息并且得以重新振作精神。

我热爱自己的工作，它能给予我鼓舞与灵感。我很重视休息、放松，我的工作和社交彼此交织的方式极其积极，每次我身边围绕着创造积极社会影响、维护社会公平的人时，我自己的能量也得到了激发，重新焕发出活力。

可能我能给出的最好的建议就是：**如果你喜欢你正在做的事情，并且喜欢和你一起共事的人，那么你在人际关系方面已经臻于完美。**

致　谢

　　你是否经常听到"举全村之力"这种说法，写作本书简直是"倾全市之力"。很多人为我提供了帮助，发挥了重要作用，但我要从这段旅程的开头说起。非常感谢丽莎·韦纳特（Lisa Weinert），她与我在电梯里相遇后建议我写一本书，让我相信自己确实有值得分享的内容，并且耐心地指导了我长达数月，帮助我最终将文字落实到纸面上。当然，如果没有我出色而善良的合著者杰基·阿什顿（Jackie Ashton），这本书的问世也无从谈起。

　　感谢我的经纪人露辛达·哈尔彭（Lucinda Halpern），感谢她一路上的指导和建议。感谢我的编辑艾米·李（Amy Li），她给予了我信任和指导，并用自己敏捷的才思打磨了我的文字。感谢我的宣发人员芭芭拉·亨德里克斯（Barbara Hendricks）和尼娜·尼科利诺（Nina Niccolino），她们用自己明智的建议和敏锐的职业嗅觉帮助世界了解我们这一行业的存在。还要感谢玛格丽特·比德尔（Margaret Biedel），她为本书的封面设计做出了巨大贡献。

　　写作过程中，我采访了许多杰出人士，没有他们贡献的智慧，没有他们从百忙之中抽出时间与我交谈，就没有本书。我要感谢朱利安·特雷热、艾米·纳尔逊、蒂法尼·杜芙、凯特·卢齐奥、保罗·范泽尔、吉娜·佩尔、迪·波库、亚当·格兰特、埃里卡·凯斯温、斯佐·舍希德、金妮·苏斯、莎拉·苏菲·弗里克尔、露丝·安·哈尼施、莫拉·阿伦斯-米尔、雷切尔·格罗尔·科恩、阿里·盖尔斯、惠特尼·约翰逊、弗兰·豪泽、辛迪·雷夫、玛丽亚姆·巴尼卡里姆、普里亚·帕克、贾米亚·威尔逊、罗恩莎·宾、吉娜·比安基尼、詹妮弗·达席尔瓦、布鲁克·鲍德温、苏珊·丹齐格、南希·赛尔斯、巴拉顿·瑟斯顿、瑞贝卡·索弗、黛西·奥格-多明戈斯、纳吉·奥斯丁、斯泰西·伦敦、劳里·西格尔。感谢你们所有人为本书倾注的真知灼见，也感谢你们教给了我如何建立有意义的关系。

我还要感谢我的姐姐南希·斯派克特（Nancy Spector）。孩童时代，我们家在纽约州北部的小镇上，我俩同住一个房间，虽然一路打打闹闹，有过各种矛盾，仍然要感谢她自那时起便一直陪伴着我。早在 2003 年的时候，她说服我在离婚期间从西雅图搬到纽约——一个我没有任何熟人的城市。她说："在纽约，你可能会感到寂寞，但你永远不会孤独。"

还要感谢我亲爱的朋友、我在麦克弗森战略咨询公司的团队、我的客户，以及我所属社群的成员，你们让我拥有了归属感和社群感，还要感谢我此前的同事们，你们也在本书的创作中发挥了作用。限于篇幅，以上各位的名字我就不一一赘述了。

我希望能把我赖以生存的人生信条传递给读者。打开那扇通向未知的大门，无论你对打开那扇门有多么恐惧，但是很有可能这个动作将带给你更加美好的人生。